Michael Hoffmann

Gründungsberatung und Gründungserfolg – am Beispiel der Niederlassung von Ärzten

Michael Hoffmann

Gründungsberatung und Gründungserfolg – am Beispiel der Niederlassung von Ärzten

GRIN Verlag

Bibliografische Information Der Deutschen Bibliothek: Die Deutsche
Bibliothek verzeichnet diese Publikation in der Deutschen Nationalbibliogra-
fie; detaillierte bibliografische Daten sind im Internet über http://dnb.ddb.de/
abrufbar.

1. Auflage 2006
Copyright © 2006 GRIN Verlag
http://www.grin.com/
Druck und Bindung: Books on Demand GmbH, Norderstedt Germany
ISBN 978-3-638-81675-5

Gründungsberatung und Gründungserfolg –
am Beispiel der Niederlassung von Ärzten

Eine theoretische und empirische Untersuchung

in Zusammenarbeit mit

 und

DIPLOMARBEIT

zur Erlangung des akademischen Grades eines Diplom-Volkswirtes

vorgelegt

am Fachbereich IV:

Wirtschafts- und Sozialwissenschaften / Mathematik

der Universität Trier

Cand. Dipl.-Vw. Michael Hoffmann

8. Fachsemester VWL

Trier, 11. September 2006

Inhaltsverzeichnis

III

Abbildungsverzeichnis

Tabellenverzeichnis

Abkürzungsverzeichnis

Abb.	Abbildung
Abs.	Absatz
AfA	Absetzung für Abnutzung
AIP	Arzt im Praktikum
bspw.	beispielsweise
bzw.	beziehungsweise
ca.	cirka
EKH	Eigenkapitalhilfe-Darlehen
ERP	European Recovery Programme
ggf.	gegebenenfalls
HNO	Hals-Nasen-Ohren
inkl.	inklusive
ISB	Investitions- und Strukturbank Rheinland-Pfalz (ISB) GmbH
KfW	Kreditanstalt für Wiederaufbau
KV	Kassenärztliche Vereinigung
lfd.	laufende
max.	maximal
MBO	Musterberufsordnung für Ärzte
med.	medizinische
MVZ	Medizinisches Versorgungszentrum
Nr.	Nummer
o.g.	oben genannten
rechtl.	Rechtliche
SGB	Sozialgesetzbuch
Tab.	Tabelle
u.a.	unter anderem
vertragl.	vertragliche
z.B.	zum Beispiel
z.T.	zum Teil

1. Einleitung

In den letzten beiden Jahrzehnten haben sich die ökonomischen, finanziellen und rechtlichen Rahmenbedingungen für die ärztliche Existenzgründung deutlich geändert. Durch ständige Umwälzungen und Restriktionen im deutschen Gesundheitswesen wird sich auch auf Dauer nur noch derjenige niedergelassene Arzt wirtschaftlich behaupten können, der sich nicht nur fachlich auf seine neue Aufgabe vorbereitet, sondern auch sein unternehmerisches Vorhaben betriebswirtschaftlich sinnvoll umsetzt. Dabei sind sämtliche für eine Praxisgründung wichtigen Aspekte sinnvoll zu berücksichtigen. Da viele Ärztinnen und Ärzte jedoch nur unzureichend über betriebswirtschaftliches Wissen verfügen, ist es die Aufgabe einer Gründungsberatung, den niederlassungswilligen Arzt bei seinem Vorhaben zu unterstützen und ihn zu einer erfolgreichen Existenz zu begleiten.

Ziel dieser Ausarbeitung ist es, die für die ärztliche Niederlassung wichtigen Planungsbereiche zu identifizieren, und darauf aufbauend eine schlüssige Gründungsberatung bzw. Struktur und Inhalt eines sinnvollen Gründungskonzeptes abzuleiten. Der Arzt soll eine umfassende und seinen individuellen Bedürfnissen entsprechende Gründungsberatung erhalten. Dadurch soll dem potenziellen Praxisgründer aufgezeigt werden, dass mit Hilfe eines gut durchdachten Gründungskonzepts die Berufsalternative als selbständiger Arzt nicht dringend unattraktiv sein muss, wie es oft in Medien und von Verbänden dargestellt wird. Ganz im Gegenteil, die Niederlassung als Arzt bietet derzeit und in Zukunft weiterhin eine gute Berufsperspektive, zumal durch die tendenziell überalterte Ärzteschaft bei abnehmenden Medizinernachwuchs freie Praxen vergleichsweise günstig zu erwerben sind.

Trotzdem wählen immer weniger junge Mediziner den Weg in die freie Praxis. Aufgrund dieser Tatsache und wegen der überalterten niedergelassenen Ärzteschaft wird der seit Jahren anhaltende Trend abnehmender Zuwachsraten bei den niedergelassenen Ärztinnen und Ärzten anhalten, was schließlich in einer ambulanten Unterversorgung resultieren könnte. Diese Entwicklung, die Gründe dafür sowie die alternativen Karriereoptionen junger Mediziner werden einleitend in Kapitel zwei erläutert. Der dritte Abschnitt gibt einen umfassenden Überblick über die betriebswirtschaftlichen Aspekte einer Praxisgründung. Dabei werden die für die ärztliche Niederlassung zu berücksichtigenden Planungsbereiche aufgezeigt und erläutert. In Punkt vier wird ein Überblick über das bestehende Angebot an Gründungsberatungen gegeben sowie aufgeschlüsselt, welche Institutionen oder Dienstleister für welche Bereiche in Anspruch genommen werden. Kapitel fünf beinhaltet die Auswertung der Ergebnisse einer empirischen Erhebung, die im Rahmen dieser Ausarbeitung durchgeführt wurde. Ziel dieser Befragung war es herauszufinden, wo die Erfolgsfaktoren und Probleme bei der ärztlichen Niederlassung liegen, sowie welche betriebswirtschaftlichen Planungsfelder bei einer Praxisgründung mit welcher Priorität berücksichtigt werden müssen. Aufbauend auf diesen Ergebnissen wird im letzten Abschnitt eine Handlungsempfehlung für eine sinnvolle Gründungsberatung für niederlassungswillige Ärztinnen und Ärzte abgeleitet, die den Praxiserfolg nachhaltig gewährleisten soll.

2. Die Entwicklung der ambulanten Versorgung durch niedergelassene Ärzte

Die niedergelassene Ärzteschaft bildet die Basis der ambulanten Versorgung im deutschen Gesundheitssystem. Durch die sich ständig ändernden Rahmenbedingungen scheint sich jedoch die Tendenz zu einer ambulanten Unterversorgung durch niedergelassene Ärztinnen und Ärzte zu verstärken. Im Folgenden werden die verschiedenen Karriereoptionen junger Ärzte, die Entwicklung der niedergelassenen Ärzteschaft sowie die Gründe dafür näher aufgezeigt.

2.1. Die verschiedenen Karriereoptionen junger Ärzte

Deutschen Medizinstudenten stehen nach Abschluss des Studiums und nach Erlangen der Approbation als Arzt oder Ärztin viele Möglichkeiten offen ihre zukünftige Berufstätigkeit zu gestalten. Neben den klassischen Tätigkeitsfeldern Krankenhaus und Praxis sowie der Tätigkeit bei Behörden oder Körperschaften haben sich jungen Ärztinnen und Ärzte in den letzten Jahren alternative berufliche Perspektiven geöffnet. Dies sind zu einem die Berufsausübung im Ausland oder die nichtkurative Tätigkeit in der freien Wirtschaft.[1] Zum anderen existieren durch das Gesundheitsmodernisierungsgesetz aus dem Jahre 2004 sowie durch die zum

---

[1] Vgl. *Bausch*, M., *Rühl*, O. (2004): S. 61ff und vgl. *Bundesärztekammer (1)* (Hrsg.) (Stand: 31.12.2005).

1. Januar 2007 in Kraft tretende neue Musterberufsordnung für Ärzte (MBO) neue Formen der ärztlichen Ausübung, die als Alternative in Frage kommen. Dazu gehören bspw. die Tätigkeit in Medizinischen Versorgungszentren, die Teilnahme an der Integrierten Versorgung oder das Angestelltenverhältnis in einer Praxiskooperation.[2]

Sowohl der Arbeitsplatz Krankenhaus als auch die Tätigkeit als niedergelassener Arzt haben viel von ihrer früheren Attraktivität verloren. Die Anreize, sprich die Arbeitsbedingungen und besonders die Verdienstmöglichkeiten, sind auf den ersten Blick im Ausland oder in anderen Berufsfeldern bei weitem attraktiver. In Großbritannien (80.000 – 105.000 Euro brutto), den Niederlanden (100.000 Euro brutto), Frankreich (90.000 Euro brutto) oder Saudi-Arabien (90.000 Euro netto) liegen die Einkommen von im Krankenhaus tätigen Fachärzten um teilweise mehr als ein Drittel höher als in Deutschland (ca. 73.000 Euro brutto).[3] Niedergelassene Ärzte verdienen nach Angaben der Kassenärztlichen Bundesvereinigung durchschnittlich je nach Fachrichtung zwischen 64.410 und 106.600 Euro per anno, vor Steuern und abzüglich Betriebskosten. Nicht berücksichtigt sind dabei die Aufwendungen für die Altersvorsorge.[4]

Besonders die nichtkurative Tätigkeit in anderen Berufsfeldern weckt das Interesse bei den Nachwuchsmedizinern. Bereiche wie die Medizinische Informatik, die pharmazeutische Industrie, Versicherungen, Umweltmedizin, Forschungseinrichtungen, Gesundheitsmanagement, Medizinjournalismus, Unternehmensberatung oder Hochschulen bieten attraktive Berufsalternativen zur Tätigkeit am Patienten. Es locken oft bessere Bezahlung, bessere Arbeitszeiten und –bedingungen sowie weniger Bürokratieaufwand.[5]

2.2. Die ambulante Versorgung durch niedergelassene Ärzte

Im Jahr 2005 waren in Deutschland insgesamt 400.562 Ärztinnen und Ärzte bei den Landesärztekammern gemeldet, von denen etwa ein Drittel (134.800) an der ambulanten Versorgung teilnahm. Davon waren 126.200 Ärzte niedergelassen

---

[2] Vgl. *Bausch*, M., *Rühl*, O. (2004): S. 61ff und vgl. *Stark*, A. (2006): S. 30f.
[3] Vgl. Tab. 1, S. XIV.
[4] Vgl. *Heier*, M. (2006): S. 141ff und vgl. Tab. 2, S. XIV.
[5] Vgl. *Bundesministerium für Gesundheit und Soziale Sicherung* (Hrsg.) (2004): S. 87ff und vgl. *Bausch*, M., *Rühl*, O. (2004): S. 90ff.

(7.900 Privatärzte und 118.300 Vertragsärzte) und 8.600 Ärzte im Angestellten-verhältnis. Abbildung 1 stellt die gesamte Ärztestruktur 2005 in der Bundesrepub-lik Deutschland dar.

Abb. 1:   Struktur der Ärzteschaft 2005 (Zahlen in Tausend)

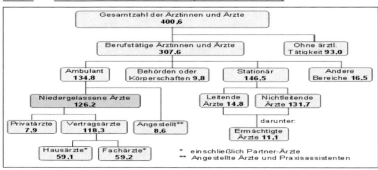

Quelle: Eigene Darstellung, entnommen aus: *Bundesärztekammer (1)* (Hrsg.) (Stand: 31.12.2005).

Die bei den niedergelassenen Ärztinnen und Ärzten am häufigsten vertretenen Fachrichtungen sind Internisten und Allgemeinmediziner mit 55.448 Vertretern. Tabelle 3 (Anhang, S. XV) gibt eine Übersicht über die Anzahl der tätigen Ärzte in den jeweiligen Fachgebieten. Der Anteil der Ärztinnen und Ärzte, die in alter-nativen Berufsfeldern bzw. nichtkurativ tätig sind beträgt 5,4 % der gesamten berufstätigen Ärzteschaft. 2002 betrug deren Anteil noch 5,1 % und ist seitdem jährlich um 0,1 % gestiegen.[6]

2.2.1.   Die Entwicklung der Altersstruktur der Vertragsärzte

Die Betrachtung der Alterstruktur der Ärzteschaft ergibt einen klaren Trend. „Der deutschen Ärzteschaft droht die Gefahr der Überalterung! Das Durchschnittsalter nimmt stetig zu, zugleich schrumpft der Anteil der unter 35-jährigen Ärzte konti-nuierlich."[7] Während 1993 das Durchschnittsalter der Vertragsärzte noch bei

---

[6] Vgl. *Kassenärztliche Bundesvereinigung* (Hrsg.) (Stand: 21.04.2006).
[7] *Kopetsch*, T. (2005): S. 26.

47,46 Jahren lag, betrug dieses 2004 bereits 50,82 Jahre.[8] Der Anteil an Vertragsärzten, die zum Jahresende 60 Jahre oder älter sind, stieg im gleichen Zeitraum
ebenfalls kontinuierlich, von 8,8 % im Jahr 1993 auf 18,0 % 2004. Parallel zum
Anstieg des Durchschnittsalters sank der Anteil der unter 35-jährigen Ärzte aller
berufstätigen Ärzte, von 26,6 % im Jahr 1993 auf 15,4 % im letzten Jahr.[9]

2.2.2.   Die Entwicklung des medizinischen Nachwuchses

Die Zahl der Absolventen im Fach Humanmedizin ist seit 1994 von 11.978 auf
8.947 im Jahre 2003 rückläufig. Dies entspricht einem Rückgang von 25,3 %.[10]
Auch die Anzahl der Ärzte im Praktikum (AIP) war bis zur Abschaffung dieser
Ausbildungsphase im Jahr 2004 zurückgehend. So war sowohl die Gesamtzahl als
auch die Anzahl der Neuzugänge der AIPs rückläufig.[11] Dabei gilt es besonders
zu betonen, dass „die Zahl der Studenten, die das Praktikum (direkt) im Anschluss
an das Studium begonnen haben, deutlich unter der Zahl der Absolventen"[12] lag.
Abbildung 4 veranschaulicht diese Entwicklung.

Abb. 4:   Entwicklung der Absolventenzahlen und der Neuzugänge von Ärzten
im Praktikum bei den Ärztekammern

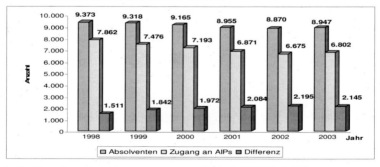

Quelle: Eigene Darstellung, Daten entnommen aus: *Kopetsch*, T. (2005): S. 36ff.

---

[8] Vgl. Tab. 4, S. XVI.
[9] Vgl. Abb. 2, S. VII und vgl. Abb. 3, S. VII.
[10] Vgl. Abb. 4, S. 5.
[11] Vgl. Abb. 4, S. 5. und vgl. Abb. 5, S. VIII.
[12] *Kopetsch*, T. (2005): S. 41.

2.2.3.   Die Entwicklung der Artzahlen in der ambulanten Versorgung

Wie aus Abbildung 1 ersichtlich, waren im Jahr 2005 in Deutschland 134.800 Ärztinnen und Ärzte in der ambulanten Versorgung tätig. Die Vertragsärzte stellen mit knapp 90 % (118.300 in absoluten Zahlen) dabei den größten Teil. Privatärzte (7.900) und angestellte Ärzte (8.600) sind mit jeweils ca. 5 % an der ambulanten Versorgung beteiligt. Vertrags- und Privatärzte bilden zusammen die Gruppe der niedergelassenen Ärzteschaft, auf der in dieser Ausarbeitung das Hauptaugenmerk liegt. Tabelle 5 zeigt die Entwicklung der Anzahl der niedergelassenen Ärztinnen und Ärzte der letzten Jahre.

Tab. 5:   Entwicklung der niedergelassenen Ärztinnen und Ärzte

Jahr	Niedergelassen			Privatärzte		Vertragsärzte	
	Insgesamt	+/- Prozent	+/- absolut	Insgesamt	+/- Prozent	Insgesamt	+/- Prozent
1998	116.800	3,0	3.400	4.100	36,7	112.700	2,1
1999	118.700	1,6	1.900	5.800	2,1	112.900	0,2
2000	120.200	1,3	1.500	5.700	-1,7	114.500	1,4
2001	121.700	1,2	1.500	5.700	0	116.000	1,3
2002	123.100	1,2	1.400	6.300	10,5	116.800	0,7
2003	124.200	0,9	1.100	6.600	4,8	117.600	0,7
2004	125.300	0,9	1.100	7.500	13,6	117.900	0,3
2005	126.200	0,6	900	7.900	5,3	118.300	0,3

Quelle: Eigene Berechnungen, Daten entnommen aus: *Kassenärztliche Bundesvereinigung* (Hrsg.) (Stand: 21.04.2006).

Es wird deutlich, dass die Anzahl der selbständig tätigen Ärzteschaft in den letzten Jahren zwar in absoluten Zahlen gestiegen ist, aber Zuwächse und Zuwachsraten bei den niedergelassenen Ärztinnen und Ärzte rückläufig sind.[13]
Auffallend ist auch, dass die Anzahl der ausschließlich privat tätigen Ärzte kontinuierlich stark zugenommen hat. Deren Zahl verdoppelte sich fast von 1998 bis 2005 um 3.800 auf 7.900. Diese Entwicklung kann als Indiz dafür angesehen werden, dass die Tätigkeit als Vertragsarzt in den letzten Jahren an Attraktivität verloren hat.[14]

---

[13] Vgl. Abb. 6, S. 7 und vgl. Abb. 7, S. VIII.
[14] Vgl. Tab. 5, S. 6.

Abb. 6:   Zuwächse der niedergelassenen Ärzteschaft in absoluten Zahlen

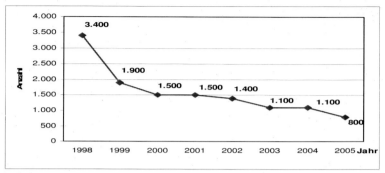

Quelle: Eigene Darstellung, Daten entnommen aus: *Kassenärztliche Bundesvereinigung* (Hrsg.)
(Stand: 21.04.2006).

Die Zuwächse und Zuwachsraten der niedergelassenen Ärzteschaft verdecken allerdings, dass sich bei differenzierter Betrachtung bereits regional ein Engpass in der ambulanten Versorgung abzeichnet. Dies gilt insbesondere für die hausärztliche Versorgung. Bereits heute existieren innerhalb der KV-Bedarfsplanung[15] einige Planungsbereiche, in denen das vorgegebene Ärzte-Soll von 100 % unterschritten ist. Planungsbereiche mit einem Versorgungsgrad über 110 % gelten für ärztliche Niederlassungen als gesperrt, unter 110 % als geöffnet. Besonders in der hausärztlichen Versorgung im Bundesgebiet gibt es noch viele offene Planungsbereiche mit Niederlassungsmöglichkeiten. Von 395 Planungsbereichen waren 248 im Jahr 2005 geöffnet.[16] Abbildung 9 (Anhang, S. X) gibt eine Übersicht über die hausärztlichen Versorgungsgrade in Deutschland, aus der die oben genannten Beobachtungen hervorgehen.

Zwar gilt eine Region erst dann als unterversorgt, wenn die Ärztezahl das Soll um 25 % unterschreitet, allerdings wird die Anzahl der unterversorgten Regionen in

---

[15] Die Bedarfsplanung regelt für bestimmte ärztliche Fachgruppen die räumliche Verteilung der niedergelassenen Ärzte, wodurch mittel- und langfristig eine wirksame Sicherstellung der vertragsärztlichen Versorgung erreicht werden soll. Sie legt fest, wie viele Kassenärzte je Arztgruppe auf wie viele Einwohner kommen dürfen. Dabei wird die Einwohner-Arzt-Relation, bezogen auf die Arztgruppe, mit der allgemeinen Verhältniszahl verglichen, woraus sich letztendlich der Versorgungsgrad in Prozent ergibt. Der Bundesausschuss der Ärzte und Krankenkassen hat den bedarfsgerechten Versorgungsgrad durch arztgruppenspezifische Verhältniszahlen festgelegt. Diese Zahlen stellen dann die Basis (= 100%) für die Feststellung von Unter- oder Überversorgung dar. Es wird nicht der tatsächliche Bedarf gesteuert, sondern die regionale Verteilung der Ärzte. Vgl. *Kopetsch*, T. (Stand: 06.05.2005).
[16] Vgl. Abb. 8, S. IX und vgl. *Kopetsch*, T. (Stand: 06.05.2005).

den nächsten zehn Jahren signifikant zunehmen. Seit 1999 hat der Bestand an Hausärzten in den neuen Bundesländern von 9.074 auf 8.476 um 7 % abgenommen.[17] 2005 gab es bereits in über 60 % der Planungsgebiete freie Niederlassungsmöglichkeiten für Hausärzte.[18]

Die bereits punktuell bestehende Unterversorgung wird sich ohne Entgegenwirken verstärken. Die Ursache des drohenden Ärztemangels liegt letztendlich in einer Scherenbewegung begründet. Durch die ungünstige Altersstruktur gehen in naher Zukunft viele Ärzte in den Ruhestand, während gleichzeitig der Nachwuchs ausbleibt.[19] Bereits 2004 waren 32 % aller Hausärzte in den neuen Bundesländern 60 Jahre oder älter, wodurch sich dort der Ärzteengpass in der hausärztlichen Versorgung und die daraus resultierenden Wiederbesetzungsprobleme in den kommenden Jahren noch weiter verschärfen werden.[20]

Tab. 6:   Erwartete Abgänge an Haus- und Fachärzten bis 2015

Arztgruppe	Abgang bis 2010	Abgang bis 2015
Hausarzt	12.807	23.480
Facharzt	18.983	33.750
Summe	31.790	57.230

Quelle: Eigene Darstellung, Daten entnommen aus: *Kopetsch*, T. (2005): S. 138.

Die Kassenärztliche Bundesvereinigung prognostiziert bis 2015 einen Ersatzbedarf an 57.230 Ärztinnen und Ärzten in der ambulanten Versorgung, wobei die jährlichen Bruttoabgänge an Vertragsärzten zwischen 4.400 und 6.000 liegen.[21] Dadurch wird eine Vielzahl an Niederlassungsmöglichkeiten frei, die im Rahmen der Bedarfsplanung auch zum größten Teil wieder besetzt werden müssen, um dem drohenden ambulanten Versorgungsengpass und der Fehlallokation an Haus- und Fachärzten entgegenzuwirken.[22] Ein weiterer Grund für die vergleichsweise geringe Zunahme der Zahl niedergelassener Ärzte liegt in der Tendenz zu Medizinischen Versorgungszentren, welche seit 2004 durch das Gesundheitsmodernisierungsgesetz zugelassen sind. Nach §

---

[17] Vgl. *Kopetsch*, T. (2005): S. 82.
[18] Vgl. Abb. 8, S. IX.
[19] Vgl. Abb. 2, S. VII und vgl. Abb. 4, S. 5.
[20] Vgl. *Kopetsch*, T. (2005): S. 84.
[21] Vgl. Abb. 10, S. XI.
[22] Vgl. *Kopetsch*, T. (2005): S. 59f, 84f.

95 Abs. 1 Satz 1 SGB V sind „Medizinische Versorgungszentren […] fachüber-
greifende ärztlich geleitete Einrichtungen, in denen Ärzte, die in das Arztregister
nach Abs. 2 Satz 3 Nr. 1 eingetragen sind, als angestellte oder Vertragsärzte tätig
sind. Die Medizinischen Versorgungszentren können sich aller zulässigen Organi-
sationsformen bedienen; sie können von den Leistungserbringern, die aufgrund
von Zulassung, Ermächtigung oder Vertrag an der medizinischen Versorgung
teilnehmen, gegründet werden. Die Zulassung erfolgt für den Ort der Niederlassung als Arzt oder den Ort der Niederlassung als Medizinisches Versorgungszent-
rum (Vertragsarztsitz)."[23] Es müssen demnach mindestens zwei angestellte Ärzte
oder Vertragsärzte unterschiedlicher Fachgebiete in dieser Einrichtung tätig sein.
Vorteile dieser Einrichtungen gegenüber der traditionellen Versorgung sind die
Bündelung medizinischer Kompetenz unter einem Dach, Zeitersparnis der Patienten durch kurze Wege und Kostenersparnis durch gemeinsame Nutzung der Infrastruktur und Medizintechnik. Sie bieten daher gerade jungen Ärztinnen und
Ärzten die Möglichkeit im Rahmen eines Angestelltenverhältnisses tätig zu sein,
ohne die ökonomischen Risiken einer Niederlassung auf sich nehmen zu müssen.[24]

Die Integrierte Versorgung bietet der niedergelassenen Ärzteschaft seit dem Jahr
2000 die Möglichkeit, ohne Beteiligung der regionalen Kassenärztlichen Vereinigungen Einzelverträge mit Krankenkassen einzugehen. „Mit der Integrierten Versorgung soll eine sektorenübergreifende und interdisziplinäre Versorgung der Patienten erreicht werden. Ziel ist es, bereits im Voraus die einzelnen Diagnose- und
Therapiemaßnahmen der jeweiligen Leistungserbringer gemeinsam durchzuspie-
len, zu koordinieren und in Behandlungskonzepten festzulegen."[25] Dadurch sollen
die drei Leistungsbereiche (ambulant, stationär und rehabilitativ) des Gesund-
heitswesens besser vernetz werden, was sowohl qualitativ dem Patienten als auch
finanziell dem Leistungserbringer zugute kommt, da die Behandlungskosten
unabhängig von seinem KV-Budget vergütet werden.[26]

Sowohl Medizinische Versorgungszentren als auch die Integrierte Versorgung
erfreuen sich steigenden Zulauf bei der Ärzteschaft. So stieg die Anzahl der
MVZs innerhalb 16 Monaten bis zum 31.3.2006 von 7 auf 420 mit 1.648 dort

---

[23] *Blumenbach-Ostermann*, K. (Stand: 21.12.2004).
[24] Vgl. *Fahlbusch*, R., *Kirschner*, G. (Hrsg.) (2005): S. 67f.
[25] Ebenda, S. 69.
[26] Vgl. ebenda, S. 69ff.

tätigen Ärzten, von denen mehr als die Hälfte im Angestelltenverhältnis ist (960). Bis 2015 wird die Zahl der MVZ jährlich um 10 % zulegen.[27] Die Anzahl der Verträge in der Integrierten Versorgung vervierfachte sich innerhalb des letzten Jahres auf 1.498, das Vergütungsvolumen wuchs um 88 % von 255 auf 487 Mio. Euro an.[28]

2.3. Gründe für die rückläufigen Niederlassungszahlen von Ärzten

Als Erklärung für den drohenden Ärztemangel im ambulanten Bereich wurde einerseits die ungünstige Entwicklung der Altersstruktur der ambulanten Ärzteschaft genannt und andererseits die sinkenden Absolventenzahlen im Fach Humanmedizin. Allerdings ist auch ein allgemein nachlassendes Interesse an der kurativen Berufstätigkeit in Deutschland zu beobachten. Derzeit entscheidet sich die Hälfte der Medizinabsolventen nicht kurativ tätig zu werden. Sie suchen ihre berufliche Zukunft in anderen Tätigkeitsfeldern, wie bspw. in der Forschung, im Gesundheitsmanagement oder in der Pharmabranche. Bessere Verdienstmöglichkeiten, weniger Bürokratie und bessere Arbeitsbedingungen scheinen den Ausschlag zu geben.[29] Dies geht unter anderem auch aus dem „Gutachten zum Ausstieg aus der kurativen ärztlichen Berufstätigkeit in Deutschland" hervor, welches von der Unternehmensberatung Ramboll Management im Auftrag des damaligen Bundesministeriums für Gesundheit und Soziales im Jahr 2004 erstellt wurde. Die im Rahmen o.g. Studie durchgeführte Erhebung[30] ergab, dass die folgenden Gründe maßgeblich zum Ausstieg aus der kurativen Tätigkeit und zur Abwanderung ins Ausland beitragen. Die Reihenfolge entspricht der Gewichtung der Gründe. Genaue Prozentangaben können aufgrund verschiedener Differenzierungen (Geschlecht, Herkunft und Ausbildungsstand) nicht angegeben werden:[31]

---

[27] Vgl. *Kassenärztliche Bundesvereinigung* (Hrsg.) (Stand: 11.05.2006).
[28] Vgl. Abb. 11, S. XI.
[29] Vgl. *Kästner*, J. (2006): S. 3.
[30] Zur Analyse der Gründe für den Ausstieg aus der kurativen Tätigkeit wurde eine Onlinebefragung von insgesamt 4.911 Medizinstudenten und 4.619 Ärzten und ehemaligen Ärzten durchgeführt. Die Befragung wurde bewusst nicht repräsentativ durchgeführt, da es primär darum ging die unterschiedlichen Motivationsstrukturen von Aussteigern und Nicht-Aussteigern zu identifizieren. Die Größe der Stichprobe erlaubt es verallgemeinernde Aussagen zu machen, auch wenn die Fehlerwahrscheinlichkeiten nicht mit Hilfe statistischer Maßzahlen angegeben werden kann. Vgl. *Bundesministerium für Gesundheit und Soziale Sicherung* (Hrsg.) (2004): S. 71ff.
[31] Vgl. ebenda, S. 77ff.

- schlechte Arbeitsbedingungen und -zeiten
- mangelnde Vereinbarkeit des Berufs mit Familie und Freizeit
- nicht angemessene Entlohnung
- Ausmaß an nicht-medizinischen Tätigkeiten
- Schwierigkeiten eine attraktive Niederlassungsmöglichkeit zu finden
- hohes Startkapital und hohe Anlaufkosten bei einer Niederlassung

Bereits heute sind mehr als 12.000 deutsche Ärztinnen und Ärzte im Ausland tätig. Die Anzahl der Ärzte, die ins Ausland abwandern, nimmt stetig zu. Hinweise für die steigende Emigration deutscher Ärzte geben z.b. die steigende Anzahl der in Österreich und der Schweiz tätigen deutschen Ärzte. Diese stieg in Österreich von 547 im Jahr 2003 auf 786 im Jahr 2004. Ähnlich auch die Entwicklung in der Schweiz, wo die Anzahl der deutschen Ärzte von 1.474 im Jahr 2003 auf 1926 im Jahr 2005 zunahm.[32]

Das Gutachten beschreibt auch eine generelle Ablehnung bei Medizinstudenten sowie im Krankenhaus tätige Ärzte gegenüber einer möglichen Niederlassung. Im Durchschnitt konnten sich 21,2 % der befragten Studenten nicht vorstellen, sich in Deutschland niederzulassen. Bei kurativ tätigen Ärzten im Angestelltenverhältnis lag dieser Wert bei fast 56 %. Als zentralen Grund gab der Großteil der Befragten den nicht angemessenen Verdienst als niedergelassener Arzt an. Dabei muss allerdings regional differenziert werden. Die Ablehnung bzgl. einer Niederlassung in Ost-Deutschland ist bei weitem größer als bei einer Niederlassung in West-Deutschland. Dies lässt sich u.a. auch auf die unterschiedlichen Lebensbedingungen und Arbeitsverhältnisse zurückführen.[33]

Insbesondere der Vergleich der realen Lohnentwicklung zwischen Vertragsärzten und Angestellten aus verschiedenen Branchen untermauert die fehlenden finanziellen Anreize als Vertragsarzt. Während der durchschnittliche Reallohn bei Angestellten diverser Branchen im Zeitraum 1999 bis 2004 um fast 9 % gestiegen ist, sank im gleichen Zeitraum das Realeinkommen der Vertragsärzte um über 3 %. Dies entspricht einer Lohnspreizung von über 12 %.[34] Diese Entwicklung verdeutlicht die aus dem Gutachten hervorgegangen Ergebnisse hinsichtlich der schlech-

---

[32] Vgl. *Kopetsch*, T. (2005): S. 130f.
[33] Vgl. *Bundesministerium für Gesundheit und Soziale Sicherung* (Hrsg.) (2004): S. 100ff.
[34] Vgl. Abb. 12, S. XII.

ten Verdienstmöglichkeiten als Arzt in Deutschland als Grund für den Ausstieg aus der kurativen Tätigkeit bzw. für die Abwanderung ins Ausland.

3. Entscheidungsfelder bei der ärztlichen Niederlassung – Anforderungen an eine Gründungsberatung

Für den Erfolg einer Unternehmensgründung sind viele Faktoren von Bedeutung. Dies gilt auch für die Gründung des „Unternehmen Arztpraxis". Der folgende Abschnitt zeigt die verschiedenen Planungsfelder auf, welche es als Praxisgründer zu berücksichtigen gilt. Zum einen müssen seitens des Arztes allgemeine Anforderungen erfüllt sein, wie bspw. persönliche Vorraussetzungen, fachliches Wissen sowie formale Anforderungen. Neben der Wahl der Gründungsform müssen insbesondere verschiedene betriebswirtschaftliche Planungsbereiche betrachtet werden, um das Vorhaben Arztpraxis realisieren zu können.

3.1. Allgemeine Anforderungen an den Praxisgründer

3.1.1. Persönliche Vorraussetzungen

Der Weg in die berufliche Selbständigkeit setzt viele persönliche Anforderungen an den Unternehmensgründer voraus. Primär gehören dazu gesunde geistige Fähigkeiten, soziale Kompetenz, die Leistungsbereitschaft des Gründers, Kreativität und Flexibilität sowie die Risikobereitschaft des Gründers. Ärzte, die eher die relative Sicherheit schätzen und entsprechend risikoavers sind sollten das Vorhaben Arztpraxis nicht verwirklichen. Nur diejenigen, die nicht das unternehmerische Risiko scheuen sollten sich niederlassen. Darüber hinaus müssen sie auch über unternehmerische Fähigkeiten und soziale Kompetenz verfügen. Auch sollten niederlassungswillige Ärzte berücksichtigen, dass nicht allein der unbedingte Wille zur selbständigen Existenz sowie unbefriedigende Klinikumstände oder das Untergeordnet sein die maßgebliche Ursache für die Eigenständigkeit sein dürfen.[35]

---

[35] Vgl. *Oberborbeck*, W. (1994): S. 71ff und vgl. *Meis*, T. (200): S. 92ff.

3.1.2. Fachliches Wissen

Voraussetzung für das Ausüben des Arztberufes ist die berufliche und fachliche Qualifikation, die der Arzt sich im Laufe seines Studiums und in der Weiterbildungsphase als Assistenzarzt im Krankenhaus aneignet. Mit der Entscheidung sich niederzulassen übernimmt der Arzt aber auch eine nicht zu unterschätzende unternehmerische und wirtschaftliche Aufgabe. Er ist nicht nur medizinischer Verantwortung verpflichtet, sondern auch seinem „Wirtschaftsunternehmen Arztpraxis" gegenüber. Er trägt letztendlich nicht nur die wirtschaftliche Verantwortung für sich und sein Unternehmen, sondern auch für seine Familie sowie seine Mitarbeiter und deren Familien. Neben medizinischen Kenntnissen werden somit von dem „Unternehmer Arzt" auch betriebswirtschaftliche Fähigkeiten verlangt, um sein Unternehmen Arztpraxis erfolgreich führen zu können.[36] Daher lässt sich festhalten, dass „Medizin in Verbindung mit dem nötigen Unternehmergeist […] kein Widerspruch [ist], sondern eine ideale Symbiose."[37]

3.1.3. Formale Anforderungen

Um den Weg in die Eigenständigkeit zu bewältigen, müssen zuvor mehrere formale Vorraussetzungen erfüllt sein. Dazu gehört in erster Linie die Ausbildung des Mediziners, welche durch das Studium und die darauf folgende Weiterbildung als Facharzt im Krankenhaus erfolgt. Nach der abgeschlossenen Weiterbildung erlangt der Arzt die Approbation, die ihn dazu berechtigt, ärztlicher Tätigkeit innerhalb seines Standes nachzugehen. Diese ist auch die Vorraussetzung für die Zulassung bei der Kassenärztlichen Vereinigung. Erst die Eintragung in das Arztregister der KV und der damit verbundenen KV-Zulassung erlaubt die Teilnahme an der Versorgung der Patienten, die gesetzlich krankenversichert sind. Der Antrag ist an die für den Wohnort zuständige KV zu richten. Allerdings existiert in Deutschland nicht für alle Fachbereiche die Niederlassungsfreiheit. Für zahlreiche ärztliche Fachbereiche erfolg die Zulassung nach der bereits erläuterten Bedarfs-

---

[36] Vgl. *Deutsche Apotheker- und Ärztebank* (Hrsg.) (2005): S. 10f.
[37] *Oberborbeck*, W. (1994): S. 72.

planung[38]. Die KVen bestimmen im Rahmen der Bedarfsplanung durch ein Zulassungsverfahren welcher Arzt sich wo niederlassen darf, wodurch teilweise eine erhebliche Wartezeit bis zur tatsächlichen Niederlassung verstreichen kann.[39] Ärzte, die sich der vertragsärztlichen Versorgung entziehen und rein privatärztlich tätig sein möchten, müssen sich nicht bei den KVen registrieren. Für sie reicht als Niederlassungsvoraussetzung das Erlangen der Approbation. Darüber hinaus besteht für sie absolute Niederlassungsfreiheit in allen Fachbereichen.[40] Zusätzlich müssen alle sich niederlassende Ärzte, sowohl vertragsärztlich als auch privatärztlich, das zuständige Gesundheitsamt, die Berufskammer (Ärztekammer), das Ärztliche Versorgungswerk sowie das Betriebsstätten-Finanzamt über die Aufnahme der selbständigen Tätigkeit informieren.[41]

3.2. Wahl der Praxis- bzw. Gründungsform

3.2.1. Praxisübernahme oder –neugründung

Die Selbständigkeit des Arztes kann sowohl in der originären (Praxisneugründung) als auch in der derivativen (Praxisübernahme) Gründungsform erfolgen. Prinzipiell ist die Wahl zwischen den Alternativen vom Standort der geplanten Niederlassung abhängig. Durch die Bedarfsplanung entstehen hier bereits nur eingeschränkte Möglichkeiten. Generell sind bei der Wahl der Gründungsform unterschiedliche Aspekte zu berücksichtigen.[42]

Die Neugründung einer Arztpraxis bringt ein großes wirtschaftliches Risiko mit sich. Besonders die Anlaufphase der Arztpraxis ist aus finanzieller als auch psychologischer Sicht eine Schwierigkeit, die es zu überstehen gilt. Der Patientenstamm muss erst allmählich aufgebaut, und fixe Betriebskosten müssen von Anfang an getragen werden. Dadurch muss der Neugründer die ersten 2 Jahre durchaus mit „Verlusten" rechnen. Die Erlöse decken ggf. Praxiskosten und Privataus-

---

[38] Zu den zulassungsbeschränkten Fachgebieten gehören Augen-, Frauen-, HNO-, Haut-, Kinder-, Nerven- und Hausärzte sowie Chirurgen, Anästhesisten, Internisten, Orthopäden, Psychotherapeuten, Radiologen und Urologen. Vgl. *Fahlbusch*, R., *Kirschner*, G. (Hrsg.) (2005): S. 48.
[39] Vgl. ebenda, S. 42ff und vgl. *Bedei*, B. (Hrsg.) (2005): S. 19ff.
[40] Vgl. *Goetzke*, W. (2004): S. 261.
[41] Vgl. ebenda, S. 261f.
[42] *Oberborbeck*, W. (1994): S. 81.

gaben nicht ab. Dem Neugründer bleibt allerdings die freie Verwirklichung seiner Ideen bezüglich Praxisräumlichkeit, Organisation und Personalbesetzung.[43] Dies ist im Falle der Praxisübernahme nicht so ohne weiteres möglich. Die Praxisübernahme erfolgt als Kauf einer Einzelpraxis oder als Einstieg als Partner in eine bereits vorhandene ärztliche Kooperation. Der wesentliche Vorteil gegenüber der Neugründung ist die Übernahme der Patientenkartei. Dies kann vergleichsweise verringerte Anlaufkosten sowie eine verkürzte Anlaufphase mit sich bringen, da die Einnahmen praktisch nahtlos weiterlaufen. Weitere wichtige Vorteile können auch die Übernahme des (im besten Falle vorhandenen) „guten Images" der Praxis, die bereits vorhandenen funktionierenden Betriebsstrukturen sowie das eingespielte Personal sein. Vorgegebene Struktur, Organisation und Personal können allerdings je nach Wirtschaftlichkeit und Effizienz sowohl von Vorteil als auch von Nachteil sein. Dies gilt auch für den durch die Praxisübernahme vorgegebenen Standort. Wesentliche Nachteile der Übernahme sind die eingeschränkte Selbstverwirklichung sowie die vorgegebenen Besitzstände wie Arbeitsverträge und Gehaltsregelungen.[44] Neben dem materiellen Wert der Praxis wird auch eine Abfindung für den ideellen Wert („Goodwill") der Praxis fällig. Dieser beinhaltet im Wesentlichen den Ruf der Arztpraxis sowie das Vertrauenskapital, kurz gesagt die Übernahme des Patientenstamms. Wichtig ist zudem die Überprüfung der Rentabilität der zu übernehmenden Praxis, was anhand Patientenfrequenz, Einkommensbelege und Kostenstruktur nachvollziehbar ist.[45]

Auch bzgl. der Praxisinvestitionen unterscheiden sich die beiden Gründungsformen. Das Investitionsvolumen ist bei einer Neugründung durchschnittlich etwa 20 % höher als bei einer Praxisübernahme. Diese Zahlen sprechen daher ebenfalls bei der Auswahl der Gründungsform für eine Praxisübernahme.[46] Daher ist es wenig verwunderlich, dass der Anteil der Neugründungen in den letzten Jahren bei weniger als 20% der Existenzgründungen lag.[47]

---

[43] Vgl. *Oberborbeck*, W. (1994): S. 81f.
[44] Vgl. ebenda, S. 83f und vgl. *Deutsche Apotheker- und Ärztebank* (Hrsg.) (2005): S. 15f.
[45] Vgl. *Fahlbusch*, R., *Kirschner*, G. (Hrsg.) (2005): S. 39f.
[46] Vgl. *Goetzke*, W. (2004): S. 262.
[47] Vgl. *Fahlbusch*, R., *Kirschner*, G. (Hrsg.) (2005): S. 41.

3.2.2.   Einzelpraxis oder Kooperation

Dem niederlassungswilligen Arzt bieten sich mehrere Formen der Niederlassung. Eine Möglichkeit ist die Einzelpraxis. Der Arzt fungiert in diesem Falle als Einzelunternehmer und trägt somit die Alleinverantwortung im unternehmerischen als auch im medizinischen Bereich. Er ist somit der alleinige „Herr in der Praxis" und muss keine Rücksicht auf einen möglichen Kooperationspartner nehmen. Allerdings trägt er alle finanziellen Risiken sowie das Arbeitgeber-, Praxis- und Behandlungsrisiko alleine.[48]

Wirtschaftliche Motive, wie Kostenersparnis, Arbeitsteilung und Ausweitung des Leistungsspektrums, als auch mentale und fachliche Aspekte sind ausschlaggebend für die Zusammenarbeit ärztlicher Partner. Die gängigste Form der Kooperation ist hierbei die Gemeinschaftspraxis. Die Gründung erfolgt durch zwei oder mehrere Partner oder durch die Aufnahme weiterer Partner in eine bereits bestehende Einzelpraxis. Die Gemeinschaftspraxis ist gekennzeichnet durch die „gemeinschaftliche Ausübung der ärztlichen Tätigkeit"[49]. Die gemeinsame Ausübung erfolgt nur durch Vertragsärzte gleicher Fachbereiche. Die Kooperationspartner nutzen gemeinsam die Räumlichkeiten samt Ausstattung und Personal. Sie verfügen über einen gemeinsamen Patientenstamm und eine einheitliche Patientenkartei. Zudem rechnen sie die erbrachten Leistungen mit der KV unter einer gemeinsamen Abrechnungsnummer ab. Die Abrechnung bei Privatpatienten erfolgt ebenfalls gemeinsam. Haftungsrechtlich sind die Partner gleichgestellt und kommen gesamtschuldnerisch für Behandlungsfehler auf. Wesentliche Vorteile der Gemeinschaftspraxis sind Betriebskostenvorteile, Entlastung bei administrativer und organisatorischer Tätigkeit sowie flexiblere Arbeitszeitgestaltung. Allerdings bedarf es durch die gegenseitige Abhängigkeit der Partner und der Gewinnverteilung einem hohen Maß an Vertrauen, um daraus eventuell resultierende Konflikte zu vermeiden.[50] Der Trend hat sich zu Gunsten der Praxiskooperationen entwickelt. So hat sich die Anzahl der Gemeinschaftspraxen von 1980 bis 2003 um mehr als das sechseinhalbfache erhöht.[51]

---

[48] Vgl. *Oberborbeck*, W. (1994): S. 87f.
[49] *Deutsche Apotheker- und Ärztebank* (Hrsg.) (2005): S. 23.
[50] Vgl. *Fahlbusch*, R., *Kirschner*, G. (Hrsg.) (2005): S. 62ff.
[51] Vgl. ebenda, S. 40f.

Eine andere Form der Kooperation stellt die Praxisgemeinschaft dar. Praxisgemeinschaften ergeben sich aus dem „Zusammenschluss von zwei oder mehreren Ärzten mit der Absicht, gemeinsam bestimmte Ressourcen zum Vorteil aller Beteiligten zu nutzen."[52] Der Zusammenschluss kann auch von Ärzten unterschiedlicher Fachbereiche erfolgen sowie zwischen Ärzten innerhalb vertragsärztlicher Versorgung und ausschließlich privat tätigen Ärzten. Die Praxisgemeinschaft erstreckt sich ebenfalls auf die gemeinsame Nutzung von Räumlichkeiten, Ausstattung und Personal. Wesentlicher Unterschied zur Gemeinschaftspraxis ist, dass die Berufsausübung getrennt voneinander erfolgt. Jeder Arzt unterhält seinen eigenen Patientenstamm und –kartei und rechnet sowohl mit Privatpatienten als auch mit der KV unter einer eigenen Abrechnungsnummer getrennt ab. Haftungsrechtlich bürgt bei Behandlungsfehlern der jeweilige Arzt und nicht die Praxisgemeinschaft. Auch hier stehen betriebswirtschaftliche Kostenvorteile im Vordergrund, aber auch fachliche und persönliche Motive sind ausschlaggebend. Praxisgemeinschaften können zudem von der vereinfachten gegenseitigen Patientenzuweisung profitieren.[53]

3.2.3. Neue Versorgungsformen

Neben den traditionellen Niederlassungsformen haben sich seit wenigen Jahren auch neue interessante Niederlassungsmöglichkeiten aufgetan. Eine Alternative sind Medizinischen Versorgungszentren, denen sich niederlassungswillige Ärzte als Vertragsarzt anschließen können. MVZs sind seit dem GKV-Modernisierungsgesetz aus dem Jahr 2004 zugelassen. Zum anderen besteht seit 2000 die Möglichkeit als niedergelassener Arzt an der so genannten Integrierten Versorgung teilzunehmen, mit der die strikte Trennung zwischen ambulanten und stationären Sektor aufgehoben wurde. Dadurch wird es Vertragsärzten erlaubt Einzelverträge mit Krankenkassen abzuschließen, was außerhalb des kollektivvertraglichen Systems der KVen erfolgt.[54] Beide Versorgungsformen wurden bereits in Abschnitt 2.2.3. näher erläutert. Durch die Liberalisierung der Berufsordnung für Ärzte, die zum 1. Januar 2007 in Kraft tritt, wird zudem die strenge Bindung

---

[52] *Fahlbusch*, R., *Kirschner*, G. (Hrsg.) (2005): S. 60.
[53] Vgl. *Goetzke*, W. (2004): S. 266ff und vgl. *Fahlbusch*, R., *Kirschner*, G. (Hrsg.) (2005): S. 60ff.
[54] Vgl. ebenda, S. 67ff.

an einen Praxissitz aufgehoben. Dies bedeutet, dass niedergelassene Ärzte zukünftig auch Zweigpraxen gründen können sowie teilweise auch fachgebietsfremde Ärzte anstellen dürfen.[55]

3.3. Betriebswirtschaftliche Planungsbereiche

3.3.1. Leistungsspektrum

Das angebotene Leistungsspektrum eines niedergelassenen Arztes wird durch die Qualifikation und zielgerichtete Weiterbildung des Mediziners bestimmt. Bei der Entscheidung zur Weiterbildung zum Facharzt sollte der niederlassungswillige Arzt berücksichtigt haben, in welchen Fachbereichen grundsätzlich Bedarf und Niederlassungsmöglichkeiten bestehen.[56]

Auch nach Abschluss der Weiterbildungsphase besteht für den Arzt die Möglichkeit, sich innerhalb seines Fachgebietes weiterzubilden. Durch Zusatzqualifikationen kann der Arzt zusätzliches Potenzial schaffen, um sein Angebot an Leistungen ausweiten zu können. Je qualifizierter der Arzt ist, sprich je mehr Zusatzausbildungen er hat, desto größer ist der Patientenkreis, der angesprochen wird. Er kann so in gewissem Maße die Nachfrage nach seiner Leistung durch ein vielfältiges Leistungsspektrum positiv beeinflussen und die Attraktivität seiner Praxis erhöhen.[57] Bei vorhandener Konkurrenz innerhalb seines Einzuggebietes kann er dadurch bestimmte Wettbewerbsvorteile schaffen und sich von seinen Mitbewerbern absetzen. Bei der Wahl des Standortes sollte somit berücksichtigt werden, welche Leistungen die Konkurrenz bereits anbietet und wie hoch die ihn betreffende Facharztdichte in der ausgewählten Region ist.[58]

Besonders Leistungen außerhalb der vertragsärztlichen Standardversorgung, die nicht von der gesetzlichen Krankenkasse übernommen werden, können äußerst attraktiv sein, da sie dem Patienten unmittelbar privat in Rechnung gestellt werden. Allerdings muss bei der Wahl des Leistungsportfolios natürlich auch berück-

---

[55] Vgl. *Stark*, A. (2006): S. 30f.
[56] Vgl. *Bedei*, B. (2005): (2005): S. 86f.
[57] Vgl. *Deutsche Ärzte-Versicherung* (Hrsg.) (1994): S. 10f.
[58] Vgl. *Oberborbeck*, W. (1994): S. 101, 134.

sichtigt werden, ob überhaupt das nötige Patientenpotenzial für die angebotenen Leistungen vorhanden ist.[59]

Das angebotene Leistungsspektrum sollte auch ständig auf Aktualität und Wirtschaftlichkeit geprüft werden. Einflussfaktoren wie technischer Fortschritt und veränderte Konkurrenzsituationen erfordern häufig die Anpassung des ausgewählten Leistungskatalogs. Bei Ausweitung des Leistungsspektrums muss bedacht werden, dass dadurch auch ein erhöhter Kapitalbedarf durch neue Geräte oder neues Personal bzw. der Weiterbildung des vorhandenen Personals entsteht.[60]

Ein hoher Ausbildungsgrad kann dem Arzt zudem einen beschleunigten Eintritt in die vertragsärztliche Versorgung verschaffen. Zusätzliche Qualifikationen werden neben der Fachrichtung bei der Zulassungsvergabe durch die KV positiv berücksichtigt. Sollten sich mehrere Ärztinnen oder Ärzte um eine freie Niederlassungsmöglichkeit in dem gleichen Planungsbereich bewerben, dann hätte der am höchsten qualifizierte einen erheblichen Vorteil.[61]

3.3.2. Marketingaktivitäten

Ziel des Marketings ist es, auf sich und sein Unternehmen aufmerksam zu machen sowie Kunden zu akquirieren und zu binden. Dies gilt auch für den „Unternehmer Arzt". Oft sehen Ärzte lediglich ihre fachlichen Qualifikationen dafür an, dass Patienten zufrieden sind, wiederkommen und durch Mundpropaganda für ihn werben. Zufriedene Patienten bilden zwar die Basis für den langfristigen Erfolg einer Arztpraxis, allerdings reichen sie oft nicht alleine aus, um dauerhaft gewinnbringend zu arbeiten und dem Konkurrenzdruck standzuhalten. Der Arzt muss wie jeder andere Unternehmer auf sein „Angebot", in seinem Falle sein Tätigkeitsspektrum, sowie auf sein Image aufmerksam machen. Aus diesem Grunde bedeutet Marketing auch für den niedergelassenen Arzt eine nicht zu unterschätzende Rolle. Auch der Anteil der finanziell lukrativeren privat versicherter Patienten kann durch effektives Marketing gesteigert werden.[62]

---

[59] Vgl. *Riedel*, R.-R., u.a. (Hrsg.) (2005): S. 123.
[60] Vgl. *Bedei*, B. (2005): (2005): S. 86f.
[61] Vgl. *Deutsche Ärzte-Versicherung* (Hrsg.) (1994): S. 10.
[62] Vgl. *Riedel*, R.-R., u.a. (Hrsg.) (2005): S. 123ff.

Allerdings ist niedergelassenen Ärztinnen und Ärzte in Deutschland durch § 27 MBO „berufswidrige Werbung" untersagt. Dies beinhaltet „anpreisende", „irreführende" oder „vergleichende" Werbung. Es besteht also nur eine eingeschränkte Werbeerlaubnis, um so mögliche Irreführungen von Patienten und hauptsächlich der angebotsinduzierten Nachfrage zu Lasten Dritter entgegenzuwirken.[63] Dem niedergelassenen Arzt bleiben aber durchaus weitere Möglichkeiten auf sich aufmerksam zu machen. Gerade in der Gründungsphase sind die Bekanntmachung der Niederlassung in regionalen Tageszeitungen, Kontaktaufnahmen zu Kollegen sowie Hinweisbroschüren wichtige Aktivitäten für die Patientengewinnung. Durch besonderen Service, wie z.B. Abendsprechstunden, Recall-Systemen und Broschüren mit medizinischen und organisatorischen Informationen kann zusätzlich die Patientenzufriedenheit positiv beeinflusst werden.[64] Die Vorstellung der Praxis und des Personals im Internet sowie Anzeigen in Branchenverzeichnissen und Tageszeitungen sind ebenfalls zulässig. Veröffentlichungen von Fachartikeln können ebenfalls auf den Bekanntheitsgrad des Arztes und dessen Kompetenz positiven Einfluss nehmen. Qualitätszertifikate über genormte Organisationsabläufe geben den Patienten zusätzliches Sicherheitsgefühl und stärken die Patientengewinnung und –bindung.[65]

Die Marketingaktivitäten beginnen für den sich niederlassenden Arzt aber bereits vor der Niederlassung. Im Rahmen der Standortsuche sollte eine Markt- und Wettbewerbsanalyse nicht vergessen werden. Nach der Etablierung können Patientenbefragungen Schwachstellen innerhalb der Praxis aufdecken sowie Aufschluss über die Patientenzufriedenheit und das eigene „Praxisimage" geben.[66]

3.3.3.   Standortwahl

Wie bei anderen Unternehmensgründungen kommt es auch bei der Existenzgründung des Arztes entscheidend auf den Standort an. Dem Arzt sollte „bewusst sein, dass die richtige Wahl des Niederlassungsortes […] weichenstellend für den späteren Praxisverlauf und damit für sein zukünftiges wirtschaftliches Auskommen

---

[63] Vgl. *Riedel*, R.-R., u.a. (Hrsg.) (2005): S. 136ff.
[64] Vgl. *Goetzke*, W. (2004): S. 73ff
[65] Vgl. *Riedel*, R.-R., u.a. (Hrsg.) (2005): S. 135ff.
[66] Vgl. *Goetzke*, W. (2004): S. 63f.

sein kann."[67] Die Wahl des Standortes ist in der Regel eine Entscheidung für das gesamte Berufsleben. Ein möglicher Wechsel ist mit hohen Kosten und finanziellen Auswirkungen verbunden, sowohl für das Unternehmen Arztpraxis als auch für die private Lebensführung.[68] Aus diesem Grunde sollte der endgültigen Entscheidung über den Niederlassungsort eine Standortanalyse vorausgehen. Die freie Standortsuche ist allerdings durch die Bedarfsplanung und das Zulassungsverfahren der KV stark eingeschränkt.[69]

Bei der Standortsuche müssen sowohl wirtschaftliche als auch persönliche Kriterien berücksichtigt werden. Wirtschaftliche Kriterien der Standortwahl sind jedoch nicht nur Patientennähe, sondern wie in Abb.13 dargestellt, viele weitere Kriterien.[70]

Abb. 13:   Wirtschaftliche und persönliche Motive zur Standortentscheidung

wirtschaftliche Motive	persönliche Motive
• Kundennähe	• Familie
• Personalverfügbarkeit und –kosten	• Freunde
• Räumlichkeiten	• allgemeine Lebensbedingungen
• Mietniveau	• Stadt oder Land
• Versorgungsdichte	• Freizeitwert
• Konkurrenzsituation	• Entfernung zu regionalen Zentren
• medizinische und therapeutische Einrichtungen	• Nähe zu Ausbildungsstätten
• Möglichkeiten der Praxiskooperation	• Immobilienpreise
• Möglichkeiten der Praxisübernahme	• Berufsmöglichkeiten für Ehepartner und Kinder
• Bevölkerungsstruktur	
• wirtschaftliche Struktur	
• soziale Struktur	

Quelle: Eigene Darstellung, in Anlehnung an: *Goetzke*, W. (2004): S. 259f und vgl. *Oberborbeck*, W. (1994): S. 133ff.

Allerdings darf bei Betrachtung der wirtschaftlichen Kriterien nicht nur eine Ist-Aufnahme erfolgen, sondern es sollte auch die zukünftige Entwicklung betrachtet werden. Informationen hierzu sind meist bei den zuständigen Kassenärztlichen Vereinigungen und Berufskammern sowie bei öffentlichen Ämtern zu erhalten. Letztendlich hängen vom „richtigen" Standort sowohl die langfristige wirtschaft-

---

[67] *Bedei*, B. (2005): (2005): S. 83.
[68] Vgl. *Zitzmann*, A. (1990): S. 21.
[69] Vgl. *Goetzke*, W. (2004): S. 259.
[70] Vgl. *Oberborbeck*, W. (1994): S. 134ff.

liche Existenzsicherheit der Praxis als auch das persönliche Wohlbefinden des Praxisgründers und seiner Familie ab.[71]

3.3.4. Finanzierungs- und Ertragskonzept

3.3.4.1. Investitions-, Kosten- und Kapitalbedarfsplanung

In der Gründungsphase muss der sich niederlassende Arzt sowohl bei Neugründung als auch Praxisübernahme umfangreiche Investitionen tätigen, die mit erheblichen Kosten und Kapitalbedarf verbunden sein können. Ob diese Investitionen letztendlich auch wirtschaftlich sind, lässt sich oft erst nach Aufnahme des Praxisbetriebes erkennen. Daher sollte der niederlassende Arzt in der Gründungsphase sehr rational vorgehen und mittels einer maßvollen Investitionsplanung nach sinnvollen und nichtsinnvollen Investitionen differenzieren und sich nur auf zwingend erforderliche Ausgaben beschränken.[72]

Die Investitionskalkulationen sind für Neugründung und Praxisübernahme unterschiedlich. Aus welchen Positionen sich die Investitionen und die Finanzierungsvolumina zusammensetzen zeigt Abb. 14. Aus den Investitionskalkulationen lässt sich anschließend das benötigte Kapital ableiten. Die Höhe der Praxisinvestitionen und die Finanzierungsvolumen sind dabei je nach Gründungsform und fachärztlicher Tätigkeit verschieden.[73]

Abb. 14:   Investitions- und Finanzierungsposten bei der Praxisgründung

Praxisneugründung		Praxisübernahme	
+	Medizintechnik	+	Substanzwert der Praxis (materieller Wert)
+	Instrumente und Material	+	Preis für Goodwill (ideeller Wert)
+	Einrichtung der Räumlichkeiten	=	**Praxisübernahmepreis (Kaufpreis)**
+	Bau-/Umbaukosten	+	Bau-/Umbaukosten
=	**Praxisinvestitionen**	=	**Praxisinvestitionen**
+	Zinsaufwendungen	+	Zinszahlungen
=	**Finanzierungsvolumen**	=	**Finanzierungsvolumen**

Quelle: Eigene Darstellung, in Anlehnung an: *Deutsche Apotheker- und Ärztebank* (Hrsg.) (2005): S. 51.

---

[71] Vgl. *Goetzke*, W. (2004): S. 260 und vgl. *Oberborbeck*, W. (1994): S. 133f.
[72] Vgl. *Deutsche Apotheker- und Ärztebank* (Hrsg.) (2005): S. 50f und vgl. *Riedel*, R.-R., u.a. (Hrsg.) (2005): S. 151f.
[73] Vgl. Tab. 7, S. XVI.

Investitionen sind über einen bestimmten Zeitraum steuerlich abzuschreiben. „Bei der Absetzung für Abnutzung (AfA) geht es um die steuerliche Berücksichtigung jener Wertminderung, die ein Investitionsgut im Laufe der Zeit erfährt."[74] In der Regel erfolgt die Abschreibung über die betriebsgewöhnliche Nutzungsdauer. Auch die Kosten für den ideellen Wert der Praxis, der so genannte „Goodwill" können abgeschrieben werden. Normalerweise beträgt der Zeitraum der Abschreibung zwischen drei und fünf Jahren, bei Gemeinschaftspraxen sind es sechs bis zehn Jahre. Die Praxiskosten werden letztendlich um die jährlichen AfA-Beträge erhöht, wodurch der Praxisüberschuss reduziert wird. Dadurch ergibt sich ein geringeres zu versteuerndes Einkommen für den Arzt und somit eine geringere Steuerschuld.[75]

Neben der Investitionsplanung gilt es auch die monatlichen anfallenden Praxisausgaben zu betrachten und einer gezielten Kostenanalyse zu unterziehen. Bei dieser sollten die in Abb. 15 aufgezählten Posten miteinbezogen werden.

Abb. 15:   Positionen der Kostenanalyse einer Arztpraxis

	Personalkosten
+	Raumkosten (Miete, Mietnebenkosten, Instandhaltung)
+	Betriebsmittel (Arbeitsmittel, Labor, Verwaltung, Büromaterial, Kfz)
+	Finanzierungskosten (Zinszahlungen und Leasingraten)
+	Laufende Beratungskosten (Rechtsanwalt, Steuerberater, Wirtschaftsberatung)
+	Fort- und Weiterbildungen
+	Sonstige Kosten
+	Abschreibungen für Anschaffungen (AfA)
=	**laufende Kosten**

Quelle: Eigene Darstellung, in Anlehnung an: *Fahlbusch*, R., *Kirschner*, G. (Hrsg.) (2005): S. 28f und *Oberborbeck*, W. (1994): S. 203.

Neben den Betriebsausgaben stellen die Ausgaben für die private Lebensführung wie z.B. Lebenshaltungskosten und Vorsorgemaßnahmen sowie die zu zahlenden Steuern einen weiteren großen Block dar, den der Praxisgründer berücksichtigen muss.[76]

---

[74] *Deutsche Apotheker- und Ärztebank* (Hrsg.) (2005): S. 56.
[75] Vgl. *Riedel*, R.-R., u.a. (Hrsg.) (2005): S. 153f.
[76] Vgl. *Fahlbusch*, R., *Kirschner*, G. (Hrsg.) (2005): S. 31ff.

3.3.4.2. Umsatzplanung – Break-Even-Analyse

Im Rahmen der Kalkulation des Niederlassungsvorhabens sollte zuvor berechnet werden, welcher Mindestumsatz in den ersten Jahren erwirtschaftet werden muss, um Betriebsausgaben, private Aufwendungen, Steueraufkommen und Zinszahlungen finanzieren zu können. Hierzu wird eine Mindestumsatz- bzw. Break-Even-Analyse angewendet, mit welcher der Punkt ermittelt werden kann, bei dem die zuvor aufgezählten Kosten abgedeckt sind (Break-Even-Punkt). Mittels dieser Analyse, angewendet auf das „Unternehmen Arztpraxis", kann der Arzt nach Summierung der notwendigen Betriebs- und Privatausgaben in etwa berechnen, wie viele Patienten er behandeln und wie viel Umsatz er erwirtschaften muss, um die Gewinnschwelle zu überschreiten. [77]

Abb. 17:   Ermittlung der Mindestbehandlungsfälle zur Kostenabdeckung

```
      Privatentnahmen
  +   Steuerpflicht
  +   lfd. Betriebskosten
  -   AfA und Disagio
  =   Mindestumsatz
  -   Privatliquidation (Privatversicherte)
  =   Kassenumsatz (Scheinzahl x Fallwert)
  →   Mindestscheinzahl / -behandlungsfälle
```

Quelle: Eigene Darstellung, in Anlehnung an: *Oberborbeck*, W. (1994): S. 211.

Bei der Umsatzanalyse muss berücksichtigt werden, dass nach ein paar Jahren der Mindestumsatz durch den Wegfall von steuerwirksamen Abschreibungen ansteigen kann.[78] Im nächsten Schritt wird eine vorsichtige Umsatzprognose für die ersten Jahre durchgeführt. Bei dieser werden die durchschnittlichen Behandlungszahlen des Fachbereiches innerhalb des Planungsbereiches miteinbezogen. Wie profitabel die ärztliche Selbständigkeit sein kann, zeigt letztendlich der Vergleich zwischen Mindestumsatz und prognostizierten Umsätzen. [79]

---

[77] Vgl. *Oberborbeck*, W. (1994): S. 209f und vgl. Abb. 16, S. XII.
[78] Vgl. *Oberborbeck*, W. (1994): S. 213f.
[79] Vgl. *Riedel*, R.-R., u.a. (Hrsg.) (2005): S. 35.

3.3.4.3. Liquiditätsanalyse

Besonders zu Beginn der Niederlassungsphase sollten Liquiditätsprobleme seitens des Arztes vermieden werden und die Schonung der Liquidität im Vordergrund stehen. Dazu dient die Liquiditätsanalyse, auch Analyse der verbleibenden Mittel genannt. Durch genaue Analyse der Einnahmen und Ausgaben kann der positive oder negative Überschusssaldo ermittelt werden. Dies gibt zugleich Aufschluss über die Wirtschaftlichkeit der Arztpraxis. Die Analyse der Liquidität wird nach folgendem Berechnungsmodell durchgeführt:[80]

Abb. 18:   Berechungsmodus der Liquidität

	Umsatz
-	lfd. Betriebskosten
=	**Überschuss aus Praxis**
-	Steuerpflicht
=	**Nettoeinkünfte**
-	Tilgung Darlehen
+	liquide Mittel aus der AfA
=	**Zwischensumme**
-	Privatentnahmen
=	**Über- und Unterdeckung**

Quelle: Eigene Darstellung, in Anlehnung an: *Fahlbusch, R., Kirschner,* G. (Hrsg.) (2005): S. 138.

In der Realität kommt es jedoch häufig vor, dass Existenzgründer bei ihrer Liquiditätsanalyse einen möglichen Gewinn für das erste Jahr nicht erwarten und dieser bei der Planung nicht berücksichtigt wird. Ein nun doch erwirtschafteter Gewinn im ersten Unternehmerjahr muss dann aber rückwirkend im 2. oder 3. Jahr nach der Unternehmensgründung versteuert werden. Diese Fehlkalkulation und die damit verbundenen Rückzahlungen können ein riesiges Loch in die Finanzen und Liquidität des niedergelassenen Arztes reißen und den Unternehmenserfolg beeinträchtigen. Ein weiteres Problem bei der Liquiditätsberechnung stellt die zu Beginn der Praxistätigkeit nur auf Schätzungen basierende KV-Abschlagszahlung dar. Diese kann in ihrer Höhe falsch sein und erfolgt zudem zeitversetzt zu der dafür erbrachten Leistung.[81]

---

[80] Vgl. *Fahlbusch, R., Kirschner,* G. (Hrsg.) (2005): S. 137f und vgl. *Oberborbeck,* W. (1994): S. 215ff.
[81] Als Quelle für die Informationen dient ein persönliches Interview mit dem Gründungsberater der Deutschen Apotheker- und Ärztebank Koblenz vom 13.07.2006.

3.3.4.4. Finanzierungsmöglichkeiten

Die Finanzierung dient der Umsetzung vorangegangener Investitions- und Kostenentscheidungen, aus denen sich der Kapitalbedarf errechnet und den es zu finanzieren gilt.[82] Die Finanzierungsstruktur gliedert sich meist in Eigen- und Fremdkapital. Bei geliehenem Kapital werden Kosten für Zinsen fällig und muss zurückgezahlt werden. Der Einsatz von Eigenkapital führt zum Verlust von Zinserträgen und schmälert die privaten Rücklagen. Allerdings ist es meist aus steuerlichen Gründen sinnvoller, das Niederlassungsvorhaben größtenteils mit Fremdkapital zu finanzieren.[83]

Bei möglicher Kreditvergabe durch Banken muss darauf geachtet werden, dass die Entscheidung der Kreditvergabe von der Bonität des Kreditnehmers sowie von der Eigenkapitalrichtlinie Basel II[84] abhängt. Kreditnehmer von mittelständigen Unternehmen, zu denen auch niedergelassene Ärzte zählen, werden nach den Kriterien von Basel II geratet. Dieses Rating ist somit entscheidend für die Kreditvergabe. Dies gilt jedoch nicht für die Darlehensprogramme der Kreditanstalt für Wiederaufbau (KfW), welche häufig von Existenzgründern in Anspruch genommen werden und auf die im weiteren Verlauf dieser Arbeit noch ausführlicher eingegangen wird.[85]

Die Fremdfinanzierung der Niederlassung wird überwiegend durch Investitionsdarlehen und durch Betriebsmittelkredite abgewickelt. Das Entscheidende der Kreditbedingungen ist der Effektivzins, der im Wesentlichen von Nominalzins, Disagio, Laufzeit und Tilgung beeinflusst wird. Vor Abschluss des Kreditvertrages sollten verschiedene Anbieter anhand der Kreditkonditionen verglichen werden. Besonders sollte die Fristenkongruenz beachtet werden. Die Laufzeit der Finanzierung sollte nie die tatsächliche Lebensdauer oder steuerliche Abschreibung (AfA) übersteigen. Darüber hinaus sollten langlebige Wirtschaftsgüter nicht kurzfristig finanziert werden. Im Folgenden werden die unterschiedlichen Kreditarten aufgezeigt:[86]

---

[82] Vgl. *Fahlbusch*, R., *Kirschner*, G. (Hrsg.) (2005): S. 79.
[83] Vgl. *Riedel*, R.-R., u.a. (Hrsg.) (2005): S. 165ff.
[84] Basel II ist eine Richtlinie, die besagt, wie Banken ihre Kredite mit Eigenkapital unterlegen müssen. Die Höhe der Eigenkapitalunterlegung ist wiederum abhängig von dem Rating des kreditaufnehmenden Unternehmens. Vgl. *Deutsche Bundesbank* (Hrsg.) (Stand: 01.09.2004).
[85] Vgl. *Goetzke*, W. (2004): S. 142ff.
[86] Vgl. *Bicanski*, V. (2002): S. 25ff und vgl. *Fahlbusch*, R., *Kirschner*, G. (Hrsg.) (2005): S. 81ff.

Betriebsmittelkredit (Kontokorrentkredit)

Der Betriebsmittelkredit ist kein Investitionskredit, sondern er dient der kurzfristigen Abdeckung des Geldbedarfs bis zur nächsten Honorarzahlung. Dieser stellt insbesondere die Zahlungsfähigkeit der Praxis in der Anlaufphase sicher und wird dem Arzt auf seinem Konto zur Verfügung gestellt, über welches er die täglichen Dispositionen abwickelt. Die Höhe des Kontokorrentkredits wird individuell im Rahmen der Liquiditätsplanung festgelegt.

Annuitätendarlehen

Bei Aufnahme eines Annuitätendarlehens hat der Kreditnehmer regelmäßig einen vorher festgelegten Tilgungssatz zu begleichen. Aus diesem und den anfallenden Zinsen ergibt sich die regelmäßig zu zahlende Gesamtrate. Durch die fortlaufende Tilgung verringert sich der Zinsanteil ständig und der Tilgungsanteil vergrößert sich.

Tilgungsdarlehen

Beim Tilgungsdarlehen wird die gesamte Kreditsumme durch die Laufzeit in Jahren oder Monaten dividiert. Daraus ergibt sich eine gleichmäßige Tilgung, durch die sich die kontinuierlich verringernde Schuld und die anfallenden Zinszahlungen abnehmen.

Tilgungsaussetzungsdarlehen (Endfälliges Darlehen)

Bei dieser Variante wird das aufgenommene Darlehen am Ende der Laufzeit in einer Summe zurückgezahlt. Die Tilgung erfolgt mit dem Auszahlungsguthaben eines dafür abgeschlossenen Investmentfondssparplans oder einer Rentenversicherung. Der Kreditnehmer zahlt an die Versicherungsgesellschaft so hohe Jahresprämien, dass am Ende der Darlehenslaufzeit inklusive der Zinserträge und Wertsteigerungen ein ausreichendes Kapital zur Verfügung steht, um das Darlehen tilgen zu können.

Leasing

Eine weitere Möglichkeit der Finanzierung stellt das Leasing dar. Darunter wird die Anmietung von Wirtschaftsgütern zur freien Nutzung gegen eine entsprechende Leasingrate verstanden. Letztendlich wird nur der Wertverlust für die Nutzungsdauer gezahlt, und nicht die gesamten Anschaffungskosten. In den Leasingraten sind neben den Anschaffungskosten natürlich auch Zinsen für die Kapitalüberlassung und weitere Gebühren inbegriffen.[87]

3.3.4.5. Gründungshilfen – Öffentliche Förderung

Praxisgründer können von der Inanspruchnahme öffentlicher Förderung durch den Bund sowie durch regionale und kommunale Wirtschaftsförderung profitieren. Die Fördermaßnahmen von Bund und Ländern beinhalten öffentliche Finanzierungshilfen, Zuschüsse für die Inanspruchnahme privater Unternehmensberatungen, kostenlose Bereitstellung einer Gründungsberatung, Übernahme von Bürgschaften sowie Einstellungszuschüsse für Personal. Im Folgenden werden nun die Fördermaßnahmen des Bundes und des Landes Rheinland-Pfalz näher dargestellt, die für niederlassungswillige Ärzte in Frage kommen:[88]

Finanzierungshilfen

Der Bund stellt über die Kreditanstalt für Wiederaufbau (KfW) Darlehensprogramme für die Finanzierung des Niederlassungsvorhabens zur Verfügung. Zu den verschiedenen Kreditprogrammen der KfW, die Praxisgründer je nach Erfüllung bestimmter Kriterien in Anspruch nehmen können, gehören das Eigenkapitalhilfe-Darlehen (EKH), verschiedene Unternehmerkredite mit unterschiedlichen Laufzeiten, das StartGeld sowie das Mikro-Darlehen. Die Vorteile dieser Förderdarlehen sind insbesondere die häufig unter den allgemeinen Marktkonditionen angebotenen Zinssätze, lange tilgungsfreie Zeiträume, lange Laufzeiten sowie die Möglichkeit der vorzeitigen kostenfreien Tilgung. Bei den Eigenkapitalhilfe-Darlehen und den Unternehmerkrediten besteht zudem die Möglichkeit, diese mit anderen öffentlichen Förderungen zu kombinieren. [89]

Einzelne Bundesländer, wie bspw. Rheinland-Pfalz über die Investitions- und Strukturbank Rheinland-Pfalz (ISB) GmbH, bieten im Rahmen eines Mittelstandsförderprogramms auch regionale kostengünstige Investitionskreditprogramme an. Das so genannte „2 plus 8 Programm" können auch Praxisgründer in Anspruch nehmen. Die Kreditlaufzeit für Investitionen beträgt 10 Jahre, von denen die ers-

---

[87] Vgl. *Fahlbusch*, R., *Kirschner*, G. (Hrsg.) (2005): S. 81ff und vgl. *Bicanski*, V. (2006): S. 25ff.
[88] Vgl. *Fahlbusch, R., Kirschner, G. (Hrsg.) (2005):* S. 9ff, 139ff.
[89] Vgl. Tab. 8, S. XVII und vgl. *KfW Mittelstandsbank* (Hrsg.) (Stand: 2006).

ten 2 Jahre tilgungsfrei sind. Der Zinssatz wird für die gesamte Laufzeit festge-
schrieben, der Kredithöchstbetrag liegt bei 2 Mio. Euro.[90]

Gründungszuschuss

Eine weitere Möglichkeit der Inanspruchnahme öffentlicher Mittel zur Existenz-
gründung bildet seit dem 1. August 2006 der so genannte „Gründungszuschuss"
des Bundesministeriums für Arbeit und Soziales. Dieser geht aus den bisherigen
Gründungsförderungen „Ich-AG" und „Überbrückungsgeld" hervor. Der neue
Gründungzuschuss besteht aus zwei Phasen und wird über eine Laufzeit von 15
Monaten gezahlt. Neun Monate lang erhält der Bezieher eine Grundförderung in
Höhe des Arbeitslosengeld-I-Anspruchs zuzüglich einer monatlichen Pauschale
von 300 Euro. In den restlichen sechs Monaten haben Existenzgründer nur noch
Anspruch auf die monatliche Pauschale in Höhe von 300 Euro. Um den Gründungszuschuss beziehen zu können, müssen jedoch unternehmerisches Basiswis-
sen sowie ein Geschäftsplan vorgewiesen werden, um die wirtschaftliche Tragfä-
higkeit der Arztpraxis zu untermauern. Bei eigener Kündigung, wie es bei den
meisten niederlassungswilligen Ärzten der Fall ist, besteht jedoch eine Sperrzeit
von drei Monaten, in denen sie keinen Anspruch auf Förderung haben. Diese kann
dann für eine sinnvolle Vorbereitung auf die Selbständigkeit genutzt werden.[91]

Beratungsförderung und –bereitstellung

Bund und Länder stellen auch für die Inanspruchnahme von allgemeinen Beratungen und Existenzgründungsberatungen Fördermittel zur Verfügung, von denen
auch Ärzte profitieren können. Das Bundesprogramm zahlt Zuschüsse für Existenzgründungsberatungen (50 % der Beratungskosten, max. 1.500 Euro) innerhalb
drei Jahren nach der Existenzgründung. Allgemeine Beratungen werden mit 40 %
der Kosten und max. 1.500 Euro bezuschusst. Pro Antragsteller werden nicht
mehr als 3.000 Euro gewährt. Das Land Rheinland-Pfalz bezuschusst Existenz-
gründungs-, Existenzsicherungs- und Betriebsübernahmeberatungen innerhalb
fünf Jahre nach der Praxisgründung bzw. Praxisübernahme. Der Zuschuss beträgt
max. 75 % der Aufwendungen, max. jedoch 375 Euro pro Tagewerk der Beratung. Gefördert werden bei Existenzgründungs- und Betriebsübernahmeberatungen bis zu drei Tagewerke, bei Existenzsicherungsberatung bis zu sechs. Die ge-

---

[90] *Investitions- und Strukturbank Rheinland-Pfalz (ISB) GmbH* (Hrsg.) (Stand: 01.06.2006).
[91] Vgl. *Bundesministerium für Wirtschaft und Technologie* (Hrsg.) (Stand: 01.06.2006).

förderte Beratung muss durch qualifizierte freiberufliche Berater erfolgen. Der Praxisgründer kann sich somit bspw. die Dienstleistungen von Finanzierungsberatern und auf Existenzgründung spezialisierten Unternehmensberatungen teilweise von Bund und Land subventionieren lassen. Rechtsberatungen und Steuerberatungen sind jedoch von der Förderung ausgeschlossen. Dies gilt auch für Beratungen, die bereits aus anderen öffentlichen Mitteln bezuschusst werden.[92]

Desweiteren stellen insbesondere die Kassenärztlichen Vereinigungen und Bund und Länder über ihre Arbeitsagenturen sowie verschiedene Banken und Finanzdienstleister unentgeltliche Gründungsberatung zur Verfügung.[93]

Bürgschaften und Einstellungsförderung

Weitere Förderprogramme für Praxisgründer sind zum einen die Übernahme von Bürgschaften und die Bereitstellung von Darlehen zur Schaffung von Ausbildungsplätzen durch die ISB Rheinland-Pfalz sowie zum anderen Einstellungszuschüsse für Praxispersonal durch die Bundesagentur für Arbeit.

Werden dem Praxisgründer Kredite aufgrund fehlender Sicherheiten nicht gewährt, dann übernimmt die ISB optional die Bürgschaft für Großteile beantragter Investitions- und Betriebsmittelkredite bis zu einer Höhe von einer Millionen Euro. Die ISB stellt zudem innerhalb der ersten fünf Jahre nach der Praxisgründung oder –übernahme zinsgünstige Darlehen für jeden geschaffenen Ausbildungsplatz zur Verfügung.[94]

Die Bundesagentur für Arbeit subventioniert Praxisneugründer mit Einstellungszuschüssen. Derzeit wird die Beschäftigung von zuvor arbeitslosen oder förderbedürftigen sowie förderwürdigen Mitarbeitern mit Übernahme von 50 % des Arbeitsentgelts und des Arbeitgeberanteils der Sozialversicherungskosten für längstens zwölf Monate bezuschusst.[95]

---

[92] Vgl. *Bundesministerium für Wirtschaft und Arbeit* (Hrsg.) (2005): S. 22ff und vgl. *Investitions- und Strukturbank Rheinland-Pfalz (ISB) GmbH* (Hrsg.) (Stand: 01.06.2006).
[93] Vgl. *Bundesministerium für Wirtschaft und Arbeit* (Hrsg.) (2005): S. 22ff.
[94] Vgl. *Investitions- und Strukturbank Rheinland-Pfalz (ISB) GmbH* (Hrsg.) (Stand: 01.06.2006).
[95] Vgl. *Bundesministerium für Wirtschaft und Technologie* (Hrsg.) (Stand: 01.03.2006).

4.   Die Gründungberatung – Angebot und Umfang

Aufgrund der in den letzten zwei Jahrzehnten drastisch geänderten Rahmenbedingungen im Gesundheitswesen und der wirtschaftlichen Situation ist eine Arztpraxis im Wettbewerb fast nur noch wirtschaftlich ertragreich und konkurrenzfähig,
wenn sie wie ein Unternehmen geführt wird. Ärzte sollten daher bei der Wahr-
nehmung unternehmerischer Aufgaben auf die Unterstützung geeigneter Berater
zurückgreifen, da sie meist nicht über ausreichende betriebswirtschaftliche Kenntnisse verfügen.[96]

Dies beginnt bereits mit der Gründung des „Unternehmen Arztpraxis". Die Gründungsberatung ist daher in der heutigen Zeit fast unumgänglich und bildet ein
wesentliches Instrument zur Existenzsicherung mit dem Ziel der Sicherstellung
der Qualität des Gründungsvorhabens und der Vermeidung von Gründungsfeh-
lern. In welchem Umfang der Berater den Arzt unterstützt hängt jedoch von individuellen Bedürfnissen und Vorstellungen ab. Der Arzt hat dabei die Auswahl aus
einem großen Spektrum von Anbietern, die ihn bei der Existenzgründung beratend zur Seite stehen. Im Folgenden wird nun Angebot und Umfang der einzelnen
Anlaufstellen für Praxisgründer aufgezeigt und deren Arbeitsbereiche näher erläutert.[97]

Hierzu wurden auch persönliche Gespräche mit Gründungsberatern der KV
Rheinland-Pfalz, der Deutschen Apotheker- und Ärztebank sowie der Deutschen
Ärzte Finanz Beratungs- und Vermittlungs-AG vorgenommen, um deren Aufga-
benbereiche genauer in Erfahrung zu bringen.

Abbildung 19 schlüsselt auf, für welche Beratungsfelder und Planungsbereiche,
die beachtet und bearbeitet werden müssen, die jeweiligen Dienstleister und Institutionen zuständig sind.

---

[96] Vgl. *Fahlbusch*, R., *Kirschner*, G. (Hrsg.) (2005): S. 9f.
[97] Vgl. ebenda, S. 10f *und vgl. Goetzke*, W. (2004): S. 44ff.

31

Übersicht der Anbieter für Gründungsberatung und deren Zuständigkeit für die unterschiedlichen Planungsfelder

	Kassenärzt-liche Vereinigung	Agentur für Arbeit	Banken	sonstige Finanzdienst-leister	Steuer- und Rechts-beratung	Unter-nehmens-beratungen
Gründungsalternativen	X		X	X	X	X
Zulassungsvoraussetzungen	X					
Standortwahl / Wettbewerbsanalyse	X		X	X		X
Betriebswirtschaftliche Analyse / Gründungskonzept	X		X	X	X	X
Räumlichkeiten (Vertrag, Miete)					X	X
Finanzierung			X	X		X
öffentliche Gründungshilfen		X		X	X	X
Absicherung / Vorsorge / Vermögensaufbau				X		X
Praxismanagement	X					X
Leistungsangebot	X					
Marketing						X

Quelle: Eigene Darstellung.

Anzumerken bleibt, dass die Gründungsberatungen der KV, der Banken sowie der meisten Finanzdienstleister unentgeltlich erfolgen. Deren Entlohnung und Einnahmen erfolgen letztendlich durch Folgegeschäfte mit ihren Klienten im Falle einer Niederlassung. Der Service der Agenturen für Arbeit ist ebenfalls unentgeltlich und wird über Bund und Länder bereitgestellt. Steuer- und Rechtsberatungen sowie auf Praxisgründung und Praxismanagement spezialisierte Unternehmensberatungen bieten ihre Dienste auf Honorarbasis an.[98]

5. Empirische Erhebung zur Gründungsentscheidung im ambulanten Versorgungsbereich durch niedergelassene Ärzte

Im Rahmen dieser Ausarbeitung wurde im Zeitraum Juni bis Juli 2006 eine Befragung unter insgesamt zwanzig Praxisgründern durchgeführt, um bestimmte Aspekte bzgl. der ärztlichen Niederlassung in Erfahrung zu bringen. Im Folgenden werden zuerst das Forschungsziel sowie der Aufbau, Umfang und die Vorge-

---

[98] Als Quelle für die Informationen dienen persönliche Interviews mit Gründungsberatern der Kassenärztlichen Vereinigung Rheinland-Pfalz, der Deutschen Apotheker- und Ärztebank und der Deutschen Ärzte Finanz Beratungs- und Vermittlungs-AG im Zeitraum 11.07.2006 bis 19.07.2006.

hensweise der empirischen Erhebung erläutert. Im zweiten Teil dieses Abschnitts werden dann die Ergebnisse der Befragung präsentiert und ausgewertet.

5.1. Ziele, Methodik und Konzeption der empirischen Erhebung

5.1.1. Forschungsziel

Zentraler Aspekt dieser empirischen Erhebung ist es, die Vorgehensweise und Erfahrungen der ärztlichen Niederlassung von Praxisgründern sowie die damit verbundenen Probleme und Schwierigkeiten in der Gründungsphase zu ermitteln. Die gewonnenen Erkenntnisse sollen anschließend dazu beitragen, in Kapitel sechs der vorliegenden Arbeit eine sinnvolle und vernünftige Gründungsberatung abzuleiten, sowie den Stellenwert und Inhalt eines grundlegenden Gründungskonzepts zu ermitteln. Dieses soll letztendlich die Gründungsentscheidung erleichtern und die Ausgangsposition für eine wirtschaftliche und ertragsreiche Arztpraxis bereits zu Beginn der selbstständigen Tätigkeit optimieren. Zu diesem Zweck werden folgende zentrale Fragestellungen bearbeitet:

1. Was sind die Beweggründe und Motive für die ärztliche Niederlassung?
2. Welche Niederlassungsformen werden bevorzugt und was sind die Gründe dafür?
3. Wo liegen die Probleme und Schwierigkeiten bei der Niederlassung und der Planung?
4. Durch welche Dienstleister und Institutionen erfolgt die Beratung?
5. Welche betriebswirtschaftlichen Planungsbereiche werden berücksichtigt?
6. Welche Erwartungen werden an eine Gründungsberatung gestellt?
7. Welche Planungsbereiche müssen rückblickend betrachtet intensiver bearbeitet werden?
8. Welchen Stellenwert hat die Erarbeitung eines grundlegenden Gründungskonzepts und was sind die wesentlichen Inhalte?
9. Welche öffentliche Gründungshilfen werden in Anspruch genommen?
10. Welche Rolle spielen betriebswirtschaftliche Kenntnisse und Aspekte in der Arztpraxis und wie werden diese von den Praxisgründern genutzt?

11. Welches persönliche Fazit ziehen Praxisgründer und welchen Nutzen sehen sie in einem Erfahrungsaustausch mit Kollegen?

5.1.2. Stichprobenumfang und Struktur der Erhebung

Um das Forschungsziel zu erreichen, wurden insgesamt 13 niedergelassene und 7 niederlassungswillige Ärztinnen und Ärzte in Form persönlicher Interviews befragt. Diese Art der Erhebung sowie die Größe des Stichprobenumfangs wurden gewählt, da der Schwerpunkt auf persönliche Erfahrungen sowie auf qualitative und ausführliche Antworten gelegt wurde.

Als Grundgesamtheit dienen alle der Ärztekammer Koblenz zugehörigen niedergelassenen Ärztinnen und Ärzte, deren Niederlassung höchstens zwei Jahre zurückliegt sowie alle niederlassungswilligen Ärztinnen und Ärzte, die sich spätestens in den nächsten zwei Jahren niederlassen werden und bereits eine Praxis gefunden bzw. konkrete Planungen für eine Neugründung haben. Alle befragten Personen sind zwischen 30 und 45 Jahren alt und kommen aus acht verschiedenen Fachbereichen. Befragt wurden neun Internisten, drei Gynäkologen, je zwei Orthopäden und Dermatologen sowie jeweils ein HNO-Arzt, ein Mund-Kiefer-Gesichtschirurg, ein Neurologe und ein Kinderarzt. Von den befragten Personen sind dreizehn männlich und sieben weiblich. Elf von ihnen sind verheiratet, neun von ihnen ledig. Acht Interviewpartner haben Kinder.

5.1.3. Erhebungsmethode und Gestaltung des Fragebogens

Die Befragung erfolgte durch persönliche Interviews mittels halbstrukturierter Fragebögen. Die Interviews wurden hauptsächlich anhand offener Fragen durchgeführt, um so qualitativ aussagekräftige Informationen zu erhalten, die durch die Vorgabe von Antwortkategorien nur schwierig darzustellen sind. Die Befragten sollten durch gezielte Fragestellungen zu den jeweiligen Themen möglichst ohne Vorgaben von den persönlichen Erfahrungen berichten bzw. eigene Sichtweisen einbringen. Zum Teil kamen innerhalb der Befragung auch strukturierte Fragen zum Einsatz. Zudem wurde im Rahmen der Befragung die so genannte „weiche Interviewtechnik" angewendet, wodurch der Interviewer durch Anregungen und zusätzliche Fragen das Gespräch unterstützen und zu weiteren Antworten ermuntern sollte.[99]

Die Auswertung der offenen Fragen erfolgte durch eine inhaltliche und deskriptive Analyse der Antworten. Um die Auswertung zu vereinfachen, wurden vom Sinn her ähnliche oder gleiche Analyseeinheiten jeweils einer Kategorie zugeordnet. Die Analyseeinheiten dieses Kategoriensystems beziehen sich dabei auf die jeweiligen Wörter und Sätze der Antworten der befragten Personen. So werden bspw. die Aussagen „Unklarheit über das zu erwartende Einkommen", „unsichere Planung bzgl. Einkommen" sowie „Rückgang der Vergütung" der Kategorie „Einkommensunsicherheit" zugewiesen. Die Antworten der strukturierten, sowie teilweise auch die Ergebnisse der offenen Fragen wurden statistisch durch prozentuale Häufigkeitsverteilungen ausgewertet. Dadurch konnten bestimmte Merkmale festgehalten und spezielle Themenbereiche genauer analysiert sowie die Gewichtung der Aussagen ermittelt werden. Die daraus entstandenen Abbildungen in Form von Balkendiagrammen geben dann jeweils an, wie viel Prozent der befragten Ärzte die jeweiligen Merkmale genannt haben.[100]

Die Befragung der niedergelassenen und niederlassungswilligen Ärzte erfolgte durch zwei unterschiedliche Fragebögen. Sie sind so konzipiert, dass bei der Auswertung beide Interviewgruppen größtenteils zusammen betrachtet werden und die Analyse gemeinsam erfolgen kann. Nur wo es inhaltlich sinnvoll ist musste zwischen den beiden Interviewgruppen differenziert werden. Die Fragebögen der niedergelassenen Ärzte bestehen aus 24 themenspezifischen und drei soziodemographischen Fragen. Die Bögen der niederlassungswilligen Ärzte enthalten 26 themenspezifische und drei soziodemographische Fragen. Die Fragebögen sind jeweils in fünf thematische Blöcke unterteilt:

- Modul 1 – Fragen zur Niederlassung. - Dient dazu allgemeine Fragen zur Niederlassung in Erfahrung zu bringen, wie bspw. Beweggründe und Motivation, Niederlassungsform, Standortwahl, usw.
- Modul 2 – Inanspruchnahme einer Gründungsberatung. – Beinhaltet spezielle Themenfelder zur Gründungsberatung. Beantwortet werden sollte z.B. welche Dienstleister den Arzt unterstützt haben oder welche Planungsbereiche bearbeitet wurden.

---

[99] Vgl. *Diekmann*, A. (2001): S. 373ff, 408ff.
[100] Vgl. ebenda, S. 513ff.

- Modul 3 – Betriebswirtschaftliche Aspekte und Kenntnisse. – Enthält u.a. Fragen zu eigenen betriebswirtschaftlichen Kenntnissen der Ärzte und deren Meinung nach der Bedeutung solcher für das Gründen und Führen einer Arztpraxis.
- Modul 4 – Persönliches Fazit. – Dient dazu die Niederlassung bzw. das Niederlassungsvorhaben zu bewerten. Darüber hinaus wird in Erfahrung gebracht, ob Erfahrungsaustausche unter Kollegen als sinnvoll betrachtet werden.
- Modul 5 – Allgemeine Angaben. – Beinhaltet soziodemographische Fragen sowie Fragestellungen zur Fachrichtung, Niederlassungszeitpunkt, usw.

Zu Beginn der empirischen Erhebung wurde ein Pretest durchgeführt (zwei Interviews bei niedergelassenen und ein Interview bei niederlassungswilligen Ärztinnen und Ärzten), wodurch die etwaige Dauer des Interviews sowie Fehler bei der Fragebogenkonzeption aufgedeckt werden sollten. Die Fragestellungen und die Struktur der Bögen wurden daraufhin minimal geändert. Die Fragebögen sind dem Anhang ab S. XVIII zu entnehmen.

5.2.   Ergebnisse und Auswertung der Untersuchung

- <u>Was sind die Beweggründe und Motive für die ärztliche Niederlassung?</u>
Die Befragung ergab, dass primär die schlechten Arbeitsbedingungen in den Kliniken sowie der generelle Wunsch nach Eigen- und Selbstständigkeit dafür ausschlaggebend sind, sich niederzulassen. Dies gaben 85 % bzw. 80 % der befragten Personen an. Bessere Verdienstmöglichkeiten und die größere Gestaltungsfreiheit als selbstständiger Arzt wurde von fast etwa der Hälfte der befragten Praxisgründer als Motiv angegeben.

Abb. 20:   Gründe für die Niederlassung von Ärzten

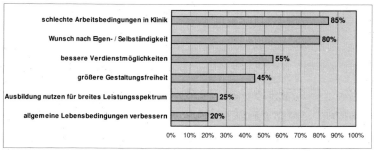

Quelle: Eigene Erhebung.

Ein Vergleich mit dem „Gutachten zum Ausstieg aus der kurativen ärztlichen Berufstätigkeit in Deutschland" von Ramboll Management (siehe Punkt 2.3.) zeigt
eine weitgehende Übereinstimmung hinsichtlich der Motive für den generellen
Ausstieg aus der kurativen Tätigkeit. Dort wurden als Hauptgründe die schlechten
Arbeitsbedingungen in der Klinik, die mangelnde Vereinbarkeit von Beruf mit
Familie und Freizeit sowie die nicht angemessene Entlohnung in der Klinik he-
rausgearbeitet. Diese Parallelität bestätigt die Unzufriedenheit mit den Arbeitsbedingungen im Krankenhaus als wichtigen Antrieb für berufliche Veränderungen.

-   Welche Niederlassungsformen werden bevorzugt und was sind die Gründe
    dafür?
Hier bestätigt sich der bereits in Punkt 3.2. erwähnte Trend zu Praxisübernahmen
sowie Praxiskooperationen. 90 % der Existenzgründungen erfolgte in Form einer
Praxisübernahme, lediglich 10 % der befragten Ärzte beginnen den Start in die
Selbstständigkeit mit einer Neugründung. Dabei entschieden sich 80 % der Praxisgründer, ihre Tätigkeit innerhalb einer Gemeinschaftspraxis auszuüben. Ein
Fünftel der befragten Ärzte führt eine Einzelpraxis. Diese gaben jedoch zu einem
großen Teil an, auf Dauer eine kooperative Form anzustreben. Fast alle Praxisübernahmen erfolgten als Einstieg in die Praxis des Abgebers, die dann für einen
Übergangszeitraum zusammen als Gemeinschaftspraxis fungierten. Als Gründe
für diese Niederlassungsform wurde fast übereinstimmend die verkürzte Anlauf-

phase, die Einarbeitung und Erfahrung des Partners sowie die Organisations- und Verwaltungsteilung genannt. Auch nach dem Ausstieg des abgebenden Arztes wollen alle Praxisübernehmer wieder einen Partner mit in die Praxis nehmen und weiter als Gemeinschaftspraxis arbeiten. Neugründer sowie Einzelpraxisübernehmer gaben mangelnde Alternativen als Motiv für diese gewählte Gründungsform an. Einzelpraxisinhaber sehen diese Form der Niederlassung als wirtschaftlich problematisch und eher unsicher im Hinblick auf den mittel- und langfristigen Erfolg an.

- Wo liegen die Probleme und Schwierigkeiten bei der Niederlassung und der Planung?

Die Auswertung von Modul 2 ergab, dass die Unklarheit über das zu erwartende Einkommen als das größte Problem bei einer Niederlassung gesehen wird. Auch die politischen Rahmenbedingungen, nicht absehbare Neuerungen des Gesundheitssystems sowie steigender Verwaltungsaufwand in Arztpraxen werden von 40 % der Ärzte als große Barriere gesehen. Knapp ein Drittel bemängelte die große finanzielle Belastung durch die Finanzierung des Startkapitals für das Vorhaben Arztpraxis.

Abb. 21:   Probleme und Schwierigkeiten der ärztlichen Niederlassung

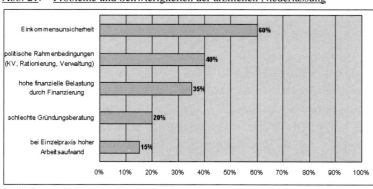

Quelle: Eigene Erhebung.

- Durch welche Dienstleister und Institutionen erfolgt die Beratung?

Die Auswertung zeigt, dass die Kassenärztliche Vereinigung eine wichtige Anlaufstelle für Praxisgründer ist. Alle befragten Ärzte haben sich von der KV beraten lassen. Dies ist durch die Notwendigkeit der Klärung der gewünschten Zulassung zu begründen. Weitere häufig gefragte Dienstleister sind der jeweilige Steuerberater sowie die Banken, deren Dienste von 90 % bzw. 85 % der Praxisgründer
in Anspruch genommen wurden.

Abb. 22:   Inanspruchnahme von Beratungsanbietern

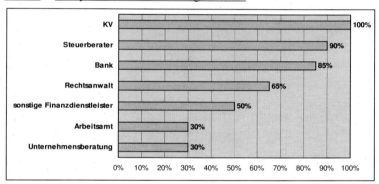

Quelle: Eigene Erhebung.

Auffallend ist, dass nur 30 % der befragten Ärzte das Arbeitsamt als Zugangsstel-
le für Gründungshilfen kennen und in Anspruch genommen haben. Positiv zu bewerten ist die Tatsache, dass sich knapp ein Drittel der Praxisgründer von einer
auf Honorarbasis tätigen Unternehmensberatung haben beraten lassen. Dies untermauert das Potenzial, dass Gründungberatung auch gezielt gegen Honorar erfolgen kann und auch in Anspruch genommen wird.

- Welche betriebswirtschaftlichen Planungsbereiche werden berücksichtigt?

Die Auswertung zur Frage der Finanzierung erbrachte, dass 75 % eine reine
Fremdfinanzierung durchgeführt haben. 20 % brachten zusätzlich Eigenkapital

ein. Die reine Eigenkapitalfinanzierung wird aus steuerlichen Gründen und Abschreibungsmöglichkeiten nicht praktiziert.[101]

Abbildung 24 stellt die Übersicht über die Inanspruchnahme der verschiedenen Beratungsfelder dar. Die blauen Balken zeigen wie viel Prozent der Praxisgründer sich zum jeweiligen Planungsbereich haben beraten lassen. Die gelben Balken geben den jeweiligen Zufriedenheitsgrad bzgl. der Beratung an. Bspw. haben sich 70 % der Praxisgründer bei der Finanzierung beraten lassen. Von diesen 70 % waren wiederum 80 % mit der erbrachten Beraterleistung zufrieden. Die Zufriedenheitsquote entspricht somit 56 % der insgesamt befragten Praxisgründer. Die Gründe für Unzufriedenheit bei der Finanzierung lagen zumeist in nicht ausreichend vorgenommenen Konditionenvergleichen.

Neben der Finanzierung wird vor allem für die Wirtschaftlichkeitsanalyse der Praxis sowie für rechtliche und vertragliche Fragen Beraterleistung in Anspruch genommen. Von den 60 % der Befragten, die eine Analyse der Wirtschaftlichkeit ihrer Praxis haben durchführen lassen, waren 85 % mit der Beratung zufrieden. 50 % der Praxisgründer haben sich zu rechtlichen und vertraglichen Dingen beraten lassen. Davon waren 95 % mit der Beratung zufrieden. Als Gründe für die Unzufriedenheit bei der Wirtschaftlichkeitsanalyse der Praxis wurden übereinstimmend die große Restunsicherheit bei den angestellten Annahmen und Prognosen genannt. Auffallend ist auch, dass lediglich 30 % der Praxisgründer für die Genehmigung von Gründungshilfen professionelle Hilfe in Anspruch nehmen.

Abb. 24: Themen der Beratung und Bewertung dieser

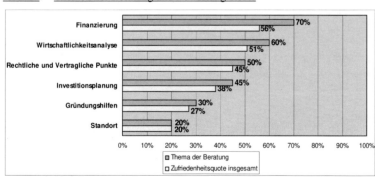

Quelle: Eigene Erhebung.

---

[101] Vgl. Abb. 23, S. XIII.

Die Standortwahl spielte nur eine untergeordnete Rolle bei der Gründungsberatung. Nur jeder fünfte Praxisgründer hat sich einer professionellen Stanortanalyse unterzogen. Dies ist dadurch zu erklären, dass die Niederlassungsentscheidung häufiger durch eine gute Gelegenheit als durch eine strukturierte Standortwahl begründet ist. Bei der freien und strukturierten Standortwahl sind primär die allgemeinen Lebensbedingungen sowie die Familie die ausschlaggebenden Faktoren zur Standortwahl. Diese Gründe wurden von 60 % bzw. 55% der befragten Ärzte angegeben. Aber auch die wirtschaftliche Struktur der Region (45 % der Befragten), die Konkurrenzsituation (40 %), die Nähe zu medizinischen Einrichtungen (40 %) sowie die Immobilienpreise bzw. das Mietniveau (35 %) wurden mehrfach genannt.[102]

- Welche Erwartungen werden an eine Gründungsberatung gestellt?

Die Befragung ergab, dass insbesondere die Klärung wirtschaftlicher und rechtlicher Aspekte sowie die Unterstützung bei betriebswirtschaftlichen Planungsinhalten durch Berater erfolgen sollte. Dies wurde von fast allen befragten Ärzten angegeben. Dies beinhaltet insbesondere eine umfassende Wirtschaftlichkeitsanalyse der Praxis, eine gut durchdachte Finanzierung der Praxis sowie Ratschläge zu wirtschaftlich sinnvollen Investitionen. Weitere Erwartungen sind die objektive Weitergabe von Informationen bzgl. der Niederlassung, das Ausarbeiten von realitätsnahen Prognosen und die fundierte Darstellung von Chancen und Risiken des geplanten Vorhabens.

- Welche Planungsbereiche müssen rückblickend betrachtet intensiver bearbeitet werden?

Auf die Frage, welche Planungsbereiche der Arzt rückblickend bei der Praxisgründung intensiver betrachten würde, nannten 55 % der befragten Ärzte die Finanzierung. 20 % davon gehören zu denjenigen, die mit ihrer Finanzierungsberatung unzufrieden waren. Auch sämtliche Ärzte, die sich nicht zur Finanzierung

---

[102] Vgl. Abb. 25, S. XIII.

haben beraten lassen, würden sich im Nachhinein intensiver mit diesem Thema beschäftigen.[103]

Die Wirtschaftlichkeit der Arztpraxis würde die Hälfte der befragten Personen nachträglich genauer betrachten. Auch hier lässt sich ein Zusammenhang mit der Inanspruchnahme von Beratung für diesen Planungsbereich feststellen. Hier ergab die Auswertung, dass sich die 50 % in etwa aus den 40 % zusammensetzen, die keine Beratung für diesen Planungsbereich in Anspruch genommen haben sowie aus den 15 %, die mit der Beraterleistung unzufrieden waren.[104]

Abb. 26:   Planungsbereiche, die intensiver betrachtet werden müssen

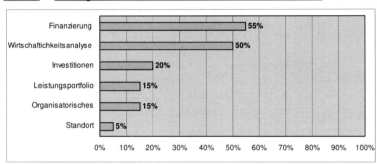

Quelle: Eigene Erhebung.

Diese Ergebnisse verdeutlichen die Notwendigkeit nach einer professionellen Finanzierungs- und Wirtschaftlichkeitsberatung bei der Praxisgründung. Weitere Bereiche, die zukünftig intensiver betrachtet werden sollten sind Praxisinvestitionen, das Leistungsspektrum, Organisatorisches sowie der Standort.

-   Welchen Stellenwert hat die Erarbeitung eines grundlegenden Gründungskonzepts und welche Planungsbereiche müssen berücksichtigt werden?

Einem grundlegenden Geschäfts- und Gründungskonzept steht die Mehrzahl der befragten Personen positiv gegenüber. 70 % der Praxisgründer haben nach eigener Angabe für ihre Niederlassung eine detailliertes Geschäfts- und Gründungskon-

---

[103] Vgl. Abb. 24, S. 40 und vgl. Abb. 26, S. 42.
[104] Vgl. Abb. 24, S. 40 und vgl. Abb. 26, S. 42.

zept aufgestellt oder aufstellen lassen und sahen es als vorteilhaft an. 30 % der befragten Ärzte verzichteten darauf. Auch dieses Ergebnis spiegelt somit das Potenzial für eine Gründungsberatung für Ärzte wider.

Zur Beantwortung, welche Planungsbereiche in den Gründungskonzepten berücksichtigt wurden, gibt Frage 3.4 Aufschluss. Dabei spielt es keine Rolle, ob die betrachteten Planungsbereiche durch Berater oder aus eigener Hand bearbeitet wurden. Die Auswertung ergab, dass insbesondere die Kosten- und Kapitalbedarfsplanung, die Finanzierung sowie die Umsatzplanung für eine Praxisgründung betrachtet wurden.

Abb. 27:   Die für die Praxisgründung und ein Gründungskonzept betrachtete Planungsbereiche

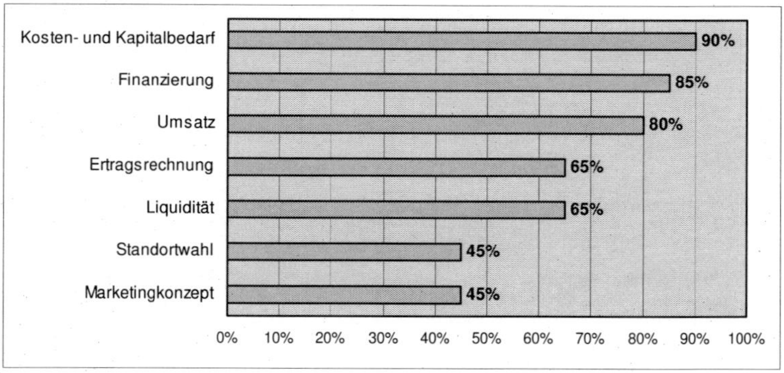

Quelle: Eigene Erhebung.

Darüber hinaus gaben 65 % der befragten Ärzte an, dass sie eine Ertragsrechnungs- und Liquiditätsplanung erstellt haben. Die Standortwahl und ein Marketingkonzept halten jeweils nicht ganz die Hälfte der Praxisgründer für wichtig.

-   Welche öffentlichen Gründungshilfen werden in Anspruch genommen?

Die Auswertung zeigt, dass Praxisgründer noch häufig auf öffentliche Gründungshilfen verzichten. Dies geschieht meistens aus mangelnder Kenntnis darüber. Lediglich 55 % der befragten Ärzte gaben an, Überbrückungsgeld erhalten zu haben bzw. die neue Gründungshilfe zu beantragen. Von diesen 55 % haben oder werden zusätzlich 15 % der Praxisgründer den so genannten Arzthelferinnenzuschuss erhalten. Es bleiben immerhin 45 % der befragten Ärztinnen und Ärzte, die bisher gar keine Gründungshilfen erhalten oder Kenntnis darüber haben. Davon wurden 10 % der Antrag auf Überbrückungsgeld abgelehnt. 35 % wurden nicht darauf aufmerksam gemacht bzw. hatten keine Kenntnis über diese Förderungen. Auffallend ist auch, dass keiner der befragten Ärzte Zuschüsse von Bund oder Land für Existenzgründungsberatungen in Anspruch genommen hat, obwohl immerhin fast ein Drittel sich bei ihrer Niederlassung von einer auf Existenzgründung spezialisierten Unternehmensberatung haben beraten lassen.[105]

- Welche Rolle spielen betriebswirtschaftliche Kenntnisse und Aspekte in der Arztpraxis und wie werden diese von den Praxisgründern genutzt?

Betriebswirtschaftliche Kenntnisse sind aus Sicht der meisten befragten Ärzte in der heutigen Zeit unabdingbar, um das Unternehmen Arztpraxis wirtschaftlich sinnvoll führen zu können. Dies geht insbesondere aus den Ergebnissen der Fragen 3.1 und 3.2 hervor. Fast alle befragten Ärzte gaben an, dass eine Arztpraxis ohne betriebswirtschaftliches Wissen des Praxisinhabers nicht überleben kann und raten dazu, sich bereits vor der Gründungsphase das nötige Know-How soweit wie möglich anzueignen. Dabei schätzen jedoch gerade nur 10 % der befragten Ärzte ihre unternehmerischen und betriebswirtschaftlichen Kenntnisse als sehr gut ein. Die Hälfte der Praxisgründer bezeichnet sich als mittelmäßig informiert. Jeweils 20 % stufen ihr betriebswirtschaftliches Wissen als mäßig oder gar schlecht ein. Diejenigen, die über sehr gute unternehmerische Fähigkeiten verfügen, mussten vergleichsweise nur für wenige Planungsbereiche, wie z.B. Finanzierung und rechtliche Punkte, Beratung in Anspruch nehmen. Bei allen anderen war das Beratungsspektrum größer. Alle waren übereinstimmend der Meinung, dass, sofern man nicht selber über genügend unternehmerische Erfahrung und Wissen verfügt, Berater für diesen Bereich unabkömmlich sind.

Es fällt auf, dass die Notwendigkeit von betriebswirtschaftlichen Kenntnissen in vielen Fällen erst im Nachhinein realisiert wird. Auf die Frage „als welchen Informationstyp man sich hinsichtlich der Planung und Umsetzung einer Niederlassung sieht" gab lediglich ein Drittel der befragten Ärzte an, sich sehr gut bzw. gut

---

[105] Vgl. Abb. 22, S. 39.

informiert zu haben. Abbildung 28 gibt eine Übersicht über die Verteilung der Informationstypen auf einer Skala von 1 (Aktiv) bis 5 (Passiv). Aktive Praxisgründer haben sich vor ihrem Gründungsvorhaben ausreichend über betriebswirtschaftliche Aspekte der Niederlassung informiert, passive Ärzte haben sich gar nicht informiert oder lediglich von Dritten informieren lassen.

Abb. 28:   Informationsgrad bzgl. der Planung und Umsetzung der Niederlassung

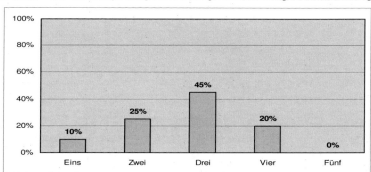

Quelle: Eigene Erhebung.

Fast die Hälfte der befragten Personen hat sich nur mittelmäßig informiert bzw. sich von Dritten informieren lassen. Dies geht auch aus der Tatsache hervor, dass lediglich die Hälfte der befragten Ärzte Informationsveranstaltungen zum Thema Existenzgründung besucht hat. Alle befragten Praxisgründer raten rückblickend, sich vorab bereits über nötige Aspekte der Gründung zu informieren und sich möglichst frühzeitig unternehmerisches Wissen anzueignen.

-   Welches persönliche Fazit ziehen Praxisgründer und welchen Nutzen sehen sie in einem Erfahrungsaustausch mit Kollegen?

Zur Beantwortung dieser Frage dienen die Module 4 und 5 der Fragebögen. Generell lässt sich eine allgemeine Zufriedenheit bei den Praxisgründern feststellten. Niemand, der bereits niedergelassen ist, hat den Schritt in die Selbstständigkeit bereut. Es wurde fast übereinstimmend gesagt, dass aufgrund der besseren Ar-

45

beitsbedingungen verglichen zur Klinik eine deutliche Verbesserung der Lebensqualität stattgefunden hat.

Auch hier ist ein Vergleich mit dem „Gutachten zum Ausstieg aus der kurativen ärztlichen Berufstätigkeit in Deutschland" von Ramboll Management angebracht. Diese Studie kommt zu dem Ergebnis, dass sich 21,2 % der befragten Medizinstudenten und 56 % der befragten Ärzte im Angestelltenverhältnis es sich nicht vorstellen können sich niederzulassen. Dies verdeutlicht die pessimistische Haltung gegenüber einer möglichen Niederlassung als Arzt. Die im Rahmen dieser Arbeit durchgeführte Erhebung zeigt jedoch, dass dieser Pessimismus eigentlich unbegründet ist, da alle befragten Ärzte die Entscheidung sich niederzulassen nicht bereut haben.[106]

Weiter wurde auch mehrheitlich gesagt, dass die Umsetzung der Niederlassung bzw. die Gründungsphase mit großen Anstrengungen verbunden ist, sowohl körperlich als auch psychisch. Aus diesem Grunde sind die meisten Praxisgründer der Meinung, dass bei der ärztlichen Niederlassung die Unterstützung in Form von kompetenten Beratern oder Kooperationspartner absolut notwendig sei. Mehr als drei Viertel der befragten Ärzte gaben an, es sei sinnvoll sich gerade in der Gründungsphase Berater zur Seite zu nehmen, die insbesondere die Wirtschaftlichkeit der Praxis prüfen sowie in allen anderen betriebswirtschaftlichen Planungsfeldern beratend zur Seite stehen sollen.

Fast alle Praxisgründer, die in eine Gemeinschaftspraxis eingestiegen sind oder eine Gemeinschaftspraxis gegründet haben, empfehlen sich nicht alleine sondern mit einem Partner niederzulassen. Sie verweisen dabei auf die verkürzte Anlaufphase, auf die Einarbeitung und Erfahrung des Partners sowie die Organisations- und Verwaltungsteilung.

Als negativ werden die sich ständig ändernden politischen Rahmenbedingungen angegeben, die zu ungewissen Einkommen führen und einen immer größer werdenden wirtschaftlichen Druck auf den Unternehmer Arzt ausüben.

Einem organisierten und moderierten Erfahrungsaustausch unter Kollegen in den ersten zwei bis drei Jahren nach der Praxisgründung stehen alle befragten Ärzte positiv gegenüber und sehen diesen als sinnvoll an. Allerdings sollte dieser innerhalb eines vertrauenswürdigen Rahmens erfolgen und die eigenen wirtschaftlichen Interessen nicht schädigen.

---

[106] Vgl. *Bundesministerium für Gesundheit und Soziale Sicherung* (Hrsg.) (2004): S.100ff.

Abb. 29:   Gewünschte Diskussionsthemen eines Erfahrungsaustausches

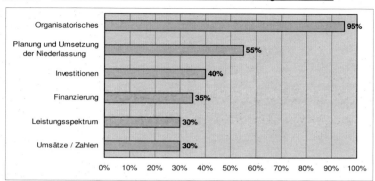

Quelle: Eigene Erhebung.

Besonders die Praxisorganisation scheint für die meisten Existenzgründer von großem Interesse zu sein. 95 % der befragten Ärzte wünschen sich dies als Diskussionsthema. Mehr als die Hälfte würde sich gerne über die Planung und Umsetzung ihrer Niederlassung austauschen. Zwei Fünftel interessieren sich für sinnvolle Investitionen innerhalb ihres Fachgebiets. Für jeweils knapp ein Drittel wären die Finanzierung der Praxis, das angebotene Leistungsspektrum sowie Praxisumsätze und –zahlen interessante Diskussionsthemen.

6.   Handlungsempfehlung - Ableitung einer sinnvollen Gründungsberatung

Ein wesentliches Ergebnis der empirischen Erhebung ist, dass die meisten Ärzte betriebswirtschaftliche und unternehmerische Kenntnisse für absolut notwendig halten, um eine Arztpraxis aufzubauen und wirtschaftlich führen zu können. Allerdings werden nur von wenigen Ärzten Maßnahmen unternommen, um dieser Notwendigkeit gerecht zu werden. Dies geht aus der Tatsache hervor, dass nur 10 % der befragten Praxisgründer ihre unternehmerischen Kenntnisse und Fähigkeiten als sehr gut bis gut einschätzen sowie sich zwei Drittel der Ärzte nur mittelmäßig oder mäßig bzgl. der Gründung einer Arztpraxis informiert haben. Daraus resultiert letztendlich der Bedarf einer Gründungsberatung, um diese Lücke zu schließen.

Aus den Ergebnissen der Befragung geht weiterhin hervor, dass die Bereiche Finanzierung und Wirtschaftlichkeit der Arztpraxis als die wichtigsten Themen angesehen werden, die es bei der Niederlassung zu betrachten gilt und bei denen der größte Handlungsbedarf besteht.[107] Als größter Unsicherheitsfaktor und meist genanntes Problem wurde die Unklarheit über das zu erwartende Einkommen angegeben.[108] Aufbauend auf diesen Fakten sollte eine sinnvolle Gründungsberatung folgende fünf zentrale Punkte beinhalten:

1.) Umsatz-, Kosten- und Ertragsvorschau

Das Einkommen des niedergelassenen Arztes hängt im Wesentlichen von den zu erwartenden Umsätzen sowie von den zu erwartenden Kosten der Praxis ab. Daher gilt es die Einkommensermittlung des Arztes sowie die Einflüsse auf diese genauer zu betrachten. Folgendes Schema stellt die Grobstruktur der Einkommensermittlung dar und wird für nachfolgende Ausführungen zugrunde gelegt:

Abb. 30:   Umsatz-, Kosten- und Ertragsvorschau

Umsatz
- Kosten (inkl. AfA)
= Überschuss aus Praxis
- Steuern
+ liquide Mittel aus AfA
= Einkommen
- private Ausgaben
= freie Liquidität

Quelle: Eigene Darstellung.

Private Ausgaben und entsprechende Privatentnahmen sind bei der Kalkulation sehr wichtig, da hier häufig Fehleinschätzungen bzgl. des Entnahmepotenzials vorliegen. Der private Bereich wird in dieser Arbeit nicht weiter betrachtet.

---

[107] Vgl. Abb. 24, S. 40 und vgl. Abb. 26, S. 42.
[108] Vgl. Abb. 20, S. 37.

Um den zu erwartenden Umsatz und die anfallenden Kosten genauer bestimmen zu können, müssen auch die Bereiche betrachtet und bearbeitet werden, die maßgeblichen Einfluss auf deren Höhe haben.

Wesentliche Einflussgrößen auf den Umsatz sind:
-   vorhandener Patientenstamm
-   Standort der Arztpraxis (demographische und soziale Struktur der Patienten, räumliche Lage, Infrastruktur, Wettbewerbssituation)
-   Voraussetzung zur Fortführung des ggf. vorhandenen Leistungsangebots (entsprechende Zusatzqualifikationen)
-   Potenzial für die Ausweitung des Leistungsangebots (Patienten, Qualifikation, Personal, Räumlichkeiten, Medizintechnik)
-   Marketingaktivitäten zur Praxiseinführung

Wesentliche Einflussgrößen auf die Kosten sind:
-   Finanzierungskosten und Abschreibungen aus notwendigen Investitionen
-   vorhandene Fixkosten (Personal, Miete und Raumkosten, Leasing- und Wartungskosten)
-   variable Betriebskosten

Die Aufschlüsselung der Bereiche Umsatz und Kosten zeigt, dass es nicht ausreichend ist, sich als Praxisgründer nur auf einzelne Planungsfelder zu konzentrieren, da alle Bereiche voneinander abhängig sind. Diese Art der Analyse kann als „vernetzte Betrachtung" der Niederlassung bezeichnet werden und bildet den zentralen Ansatz einer sinnvollen Gründungsberatung.

Abb. 31:   Die vernetzte Betrachtung der Planungsbereiche

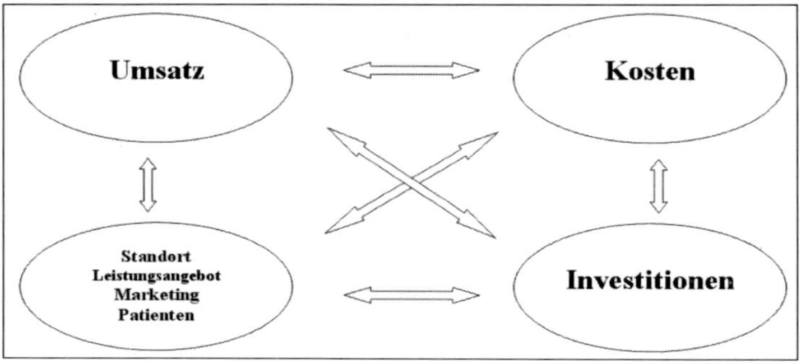

Quelle: Eigene Darstellung.

Die Erweiterung des Leistungsangebotes zur Umsatzsteigerung bildet ein gutes Anschauungsbeispiel für diese Notwendigkeit der vernetzten Betrachtung. Bei der Entscheidung über die Ausweitung des Leistungsangebots ist zu prüfen, ob unter Berücksichtigung der Mitbewerber ausreichendes Patientenpotenzial vorhanden ist, sowie ob der Arzt und sein Personal über die notwendigen Qualifikationen verfügen. Weiterhin, ob Investitionen in räumliche Anpassungen sowie in zusätzliche Medizintechnik erforderlich sind, da diese weitere Kosten und Abschreibungen mit sich bringen. Erscheint die Umsetzung aus Kosten- und Nutzenbetrachtung sinnvoll, so ist das neue Leistungsangebot ein wesentlicher Baustein des Praxismarketings.

2.) Simulation der Praxisentwicklung auf 3 – 5 Jahre

Die Ermittlung der Wirtschaftlichkeit und des Einkommens darf nicht nur statisch erfolgen und auf das Gründungsjahr begrenzt sein. Es sollte eine dynamische Betrachtung erfolgen, die eine Simulation der wirtschaftlichen Entwicklung der Praxis auf drei bis fünf Jahre beinhaltet. Wichtige Gründe für die differenzierte Betrachtung mehrerer Gründungsjahre sind:

-   Risikoabschläge auf die Umsätze des Praxisabgebers mit fallendem Verlauf pro Jahr (z.B. 1. Jahr 25 %, 2. Jahr 15 %, 3. Jahr 0 %)
-   Ausbau des Leistungsangebots in einem Folgejahr
-   Kostensprünge (z.B. Einstellung einer weiteren Arzthelferin)

- Ende der Tilgungsfreiheit (je nach Darlehenform)
- Bildung einer Steuerrücklage aus der freien Liquidität, da in den meisten Fällen im ersten Jahr noch keine Vorauszahlung stattfindet
- Ausgleich auf der Einnahmenseite durch das System der Honorarzahlungen der Kassenärztlichen Vereinigungen (Abschlagszahlungen und nachträgliche Abrechnung)

3.) Unterstützung bei der Beantragung von Gründungshilfen
Aus der Befragung geht hervor, dass lediglich 55 % der befragten Ärzte Gründungshilfen in Anspruch genommen haben und nur 30 % das Arbeitsamt als Anlaufstelle für staatliche Gründungshilfen genutzt haben. In diesem Bereich existiert dementsprechend noch hoher Beratungsbedarf. Daher gehört zu einer sinnvollen Gründungsberatung die Unterstützung bei der Beantragung von Gründungshilfen. Dies gilt insbesondere für den Gründungszuschuss sowie für eine mögliche subventionierte Existenzgründungsberatung, welche in den meisten Fällen der Niederlassung in Anspruch genommen werden können.

4.) Rechtliche und steuerliche Beratung
Insbesondere eine Praxisübernahme oder der Einstieg in eine Praxiskooperation beinhaltet viele vertragliche Einzelkomponenten. Diese Komplexität wird durch die Tendenz zu Kooperationen sowie zu neuen Versorgungsformen wie den Medizinischen Versorgungszentren und der Integrierten Versorgung weiter erhöht. Mehrstufige Einstiegsmodelle, zu klärenden Beteiligungsquoten oder andere vertragliche Beziehungen zwischen Praxispartnern oder Angestellten sind Beispiele für den hohen rechtlichen und vertraglichen Abwicklungsaufwand. Hierzu ist die Zusammenarbeit mit spezialisierten Rechtsanwälten notwendig.
Ebenso vielfältig sind die steuerlichen Auswirkungen eines Kaufvertrages sowie der Investitionsentscheidungen. Hierbei wird die Beraterleistung von Bankberatern meist überschritten. Da mit einer möglichen Praxisübernahme ohnehin die Fortführung betriebswirtschaftlicher Bereiche (z. B. Gehaltsabrechung und Buchführung) notwendig ist, ist das frühzeitige Einbeziehen eines Steuerberaters sinnvoll.
Weitere wichtige formale Schritte und Voraussetzungen liegen im Bereich der ärztlichen Zulassung. Hierzu kann sich der Praxisgründer unmittelbar an die

Kassenärztliche Vereinigung wenden. Andere ärztliche Institutionen, z. B. Berufsverbände, stellen diesbezüglich Informationsmaterial und Checklisten zur Verfügung.

5.) Unterstützung in der Anlaufphase

Die betriebswirtschaftlichen Aufgabenstellungen sind mit der Eröffnung der Praxis nicht abgeschlossen, sondern müssen in einen laufenden Praxisbetrieb überführt werden. Die Befragung ergab, dass Praxisgründer sich im Anschluss an die Praxisgründung einen Erfahrungsaustausch mit Kollegen wünschen, bei welchem insbesondere die Punkte Organisation bzw. Praxismanagement, Folgeinvestitionen und Leistungsspektrum diskutiert werden sollten. Dies zeigt, dass bzgl. dieser Punkte die Ärzte auch im Anschluss an die Gründung weiter begleitet werden sollten.

Der Gesamtumfang einer Gründungsberatung kann insofern auch Elemente beinhalten, die über die Praxiseröffnung hinausgehen. Dies könnte zum einen durch das Anbieten von organisierten und moderierten Diskussionsrunden unter Praxisgründern erfolgen. Zum anderen ist die weitere professionelle individuelle Beraterdienstleistung im Anschluss an die Praxisgründung möglich.

7.   Schlussbemerkung

Aufgrund der ständig schlechter werdenden Arbeitsbedingungen für Mediziner und sich häufig ändernden Vorgaben und Restriktionen im deutschen Gesundheitswesen ist der Gang in die Selbständigkeit für Ärzte mit immer größeren Schwierigkeiten verbunden. Dadurch sinkt die Bereitschaft zur Berufsausübung als niedergelassener Arzt. Das Ausland und die nicht-kurative Tätigkeit in der freien Wirtschaft sind mittlerweile neben dem Verbleib im Krankenhaus nach der ärztlichen Weiterbildung die am häufigsten gewählten Alternativen. Zwar ist die Zahl der selbständig tätigen Ärzteschaft in den letzten Jahren absolut gestiegen, allerdings mit rückläufigen Zuwächsen bzw. Zuwachsraten. Dies ist vor dem Hintergrund der betrachteten Altersstruktur der Ärzteschaft als sehr kritisch zu bewerten, da bei Fortsetzung dieser Entwicklung die ambulante Versorgung insbesondere in strukturschwachen Regionen gefährdet ist.

52

Es ist richtig, dass die Rahmenbedingungen für den niedergelassenen Arzt nicht mehr so attraktiv sind wie vor Jahrzehnten. Allerdings kann durch eine sinnvolle Planung und Umsetzung der Niederlassung die wirtschaftliche Attraktivität und Nachhaltigkeit einer Praxis gesteigert werden. Den niederlassungswilligen Arzt dabei zu unterstützen, ist die Aufgabe einer Gründungsberatung. Potenziellen Praxisgründern kann durch ein vernünftiges Gründungskonzept der erfolgreiche Weg in die Selbständigkeit erleichtert werden.

Dabei gilt es verschiedene Planungsbereiche zu berücksichtigen. Dies sind einerseits die Form und der Ort der Praxisgründung, das Leistungsangebot sowie Marketingaktivitäten zur Patientengewinnung und –bindung. Zum anderen sind dies die Finanzierung sowie die Analyse des Mindestumsatzes und der Liquidität. Ebenso die Analyse der Investitionen und der zu erwartenden Kosten. Ein weiterer wichtiger Punkt, der häufig nicht berücksichtigt wird, ist die Inanspruchnahme von öffentlichen Gründunghilfen. Daher ist es auch eine Aufgabe der Gründungsberatung, Praxisgründer bei der Beantragung öffentlicher Fördermittel zu unterstützen.

Die im Rahmen dieser Arbeit durchgeführte Erhebung kam zu dem Ergebnis, dass die Unklarheit über das zu erwartende Einkommen die größte Unsicherheit für Praxisgründer darstellt. Aus diesem Grunde sollte eine sinnvolle Gründungsberatung an diesem Punkt ansetzen und aus folgenden fünf Komponenten bestehen. Durch eine detaillierte Umsatz-, Kosten- und Ertragsvorschau, bei welcher alle wesentlichen Planungsbereiche durch die vernetzte Betrachtung berücksichtigt werden müssen, kann dem Gründer offen gelegt werden, unter welchen Bedingungen und Einflussfaktoren ein für ihn attraktives Einkommen erzielt werden kann. Weitere zentrale Punkte sind die Simulation der Praxisentwicklung über mehrere Jahre, die Unterstützung bei der Beantragung von Gründungshilfen, die Hilfestellung bei rechtlichen und steuerlichen Fragen durch spezialisierte Berater sowie die weitere Beratung während der Anlaufphase des Praxisgründers.

Abschließend ist festzuhalten, dass im Bereich der ärztlichen Niederlassung erhebliches Potenzial für eine Gründungsberatung vorhanden ist. Zum einen müssen bis 2015 über 55.000 Fach- und Hausarztpraxen neu besetzt werden, deren Inhaber aus Altergründen in Ruhestand gehen. Zum anderen ergab die durchgeführte empirische Studie, dass mehr als zwei Drittel der Praxisgründer ein Gründungs- oder Geschäftskonzept ausgearbeitet haben oder haben ausarbeiten lassen. Dennoch sahen nahezu alle noch erheblichen Optimierungsbedarf. Etwa ein Drittel der befragten Ärzte haben dabei auf Honorarbasis tätige Steuer- bzw. Unternehmensberater in Anspruch genommen haben. Diese Erhebungsergebnisse zeigen, dass der Markt für professionelle Gründungsberatung existiert und die Nachfrage nach einem unterstützenden und detaillierten Gründungskonzept vorhanden ist. Zudem bestätigt die generelle Zufriedenheit aller befragten Praxisgründer bzgl. ihrer Entscheidung zur Niederlassung, dass die Arztpraxis nach wie vor als attraktive Karriereoption betrachtet werden kann. Die erkennbare Tendenz zu kooperativen Formen der ärztlichen Niederlassung wird sich insbesondere aus Gründen der Kosteneffizienz weiter verstärken.

Anhang

Abb. 2: Anteil an Vertragsärzten, die zum jeweiligen Jahresende 60 oder älter sind

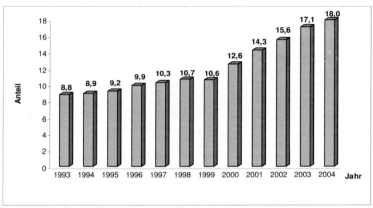

Quelle: Eigene Darstellung, Daten entnommen aus: *Kopetsch*, T. (2005): S.20.

Abb. 3: Anteil der unter 35-jährigen an allen berufstätigen Ärzten

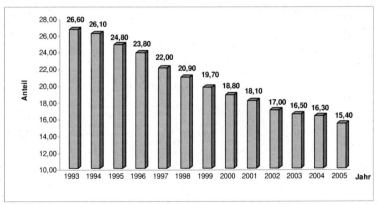

Quelle: Eigene Darstellung, Daten entnommen aus: *Bundesärztekammer (3)* (Hrsg.) (Stand: 31.12.05).

Abb. 5:   Entwicklung der Zahl der Ärzte im Praktikum

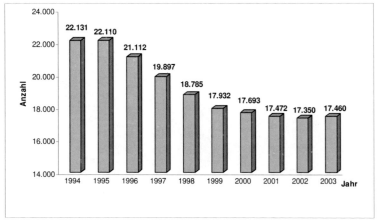

Quelle: Eigene Darstellung, Daten entnommen aus: *Kopetsch*, T. (2005): S. 40.

Abb. 7:   Zuwachsraten der niedergelassenen Ärzteschaft in Prozent

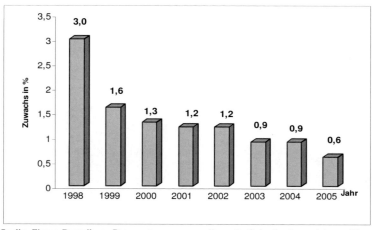

Quelle: Eigene Darstellung, Daten entnommen aus: *Kassenärztliche Bundesvereinigung* (Hrsg.) (Stand: 21.04.2006).

Abb. 8: Anzahl offener und gesperrter Planungsbereiche in den Kassenärztlichen Vereinigungen 2005

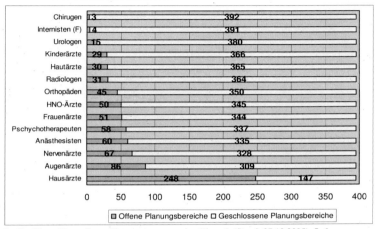

Quelle: Eigene Darstellung, Daten entnommen aus: *Klose*, J. (Stand: 07.12.2005): S. 6.

Abb. 9:   Hausärztliche Versorgungsgrade in den Planungsbereichen der
Kassenärztlichen Vereinigungen (Stand: Frühjahr 2005)

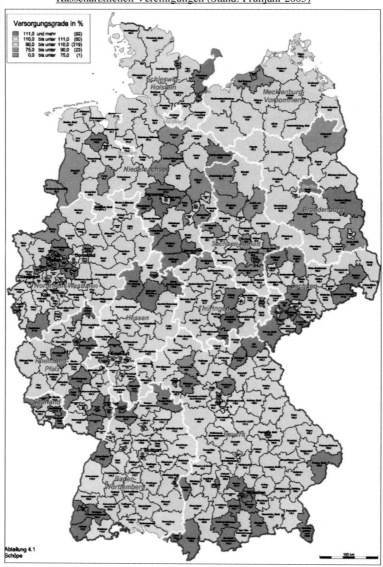

Quelle: Entnommen aus: *Kopetsch*, T. (2005): S.80.

X

Abb. 10: Geschätzte Entwicklung der Bruttoabgänge bei Vertragsärzten

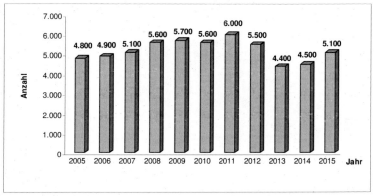

Quelle: Eigene Darstellung, Daten entnommen aus: *Kopetsch*, T. (2005): S.60.

Abb. 11: Entwicklung der Integrierten Versorgung 2005

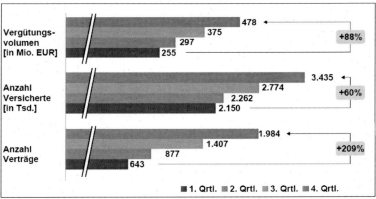

Quelle: Entnommen aus: *Oberender*, P. (Hrsg.) (Stand: 22.03.2006): S. 13.

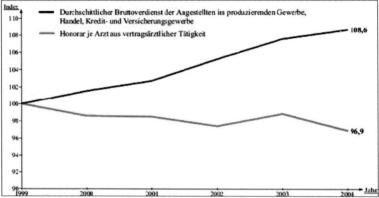

Quelle: Entnommen aus: *Kassenärztliche Bundesvereinigung* (Stand: 17.03.2006).

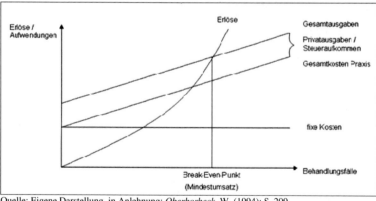

Quelle: Eigene Darstellung, in Anlehnung: *Oberborbeck*, W. (1994): S. 209.

Abb. 23: Art der Finanzierung des Startkapitals für die Niederlassung

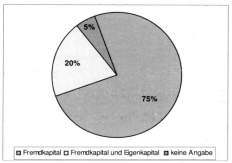

Quelle: Eigene Erhebung.

Abb. 25: Wahl der Standortfaktoren

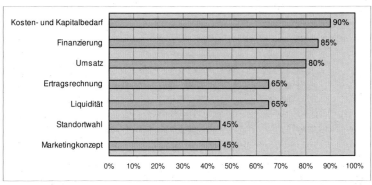

Quelle: Eigene Erhebung.

Tab. 1:   Bruttoverdienst eines Klinikarztes im internationalen Vergleich

Land	Position	Einkommen
Deutschland	Assistenzarzt	55.000
	Facharzt	73.000
	Oberarzt	92.000
Großbritannien	Facharzt	80.000 - 105.000
Frankreich	Facharzt	90.000
Niederlande	Facharzt	100.000
Saudi-Arabien	Oberarzt	90.000 (netto)

Quelle: Eigene Darstellung, Daten entnommen aus: *Walger*, M., *Köpf*, P. (2005): S. 1076 und *Bausch*, M., *Rühl*, O. (2004): S. 61ff und *Kosaris*, G. (Hrsg.) (Stand: 09.02.2005).

Tab. 2:   Durchschnittliches Einkommen niedergelassener Ärzte

Fachrichtung	Jahreseinkommen (brutto)	Jahreseinkommen vor Steuern, abzgl. Betriebskosten
Internist	263.300	106.640
Orthopäde	244.000	94.430
Augenarzt	228.200	92.420
Kinderarzt	197.800	90.390
Frauenarzt	196.500	82.730
Radiologe	496.100	82.560
HNO-Arzt	192.300	80.770
Allgemeinmediziner	179.400	80.730
Urologe	208.800	80.390
Nervenarzt	151.700	70.840
Hautarzt	171.300	64.410

Quelle: Eigene Darstellung, Daten entnommen aus: *Heier*, M. (2006): S. 141.

Tab. 3:   Niedergelassene Ärztinnen/Ärzte nach Gebietsbezeichnung

Gebietsbezeichnung	Anzahl
Ohne Gebiet	10.142
Anästhesiologie	2.967
Anatomie	3
Arbeitsmedizin	235
Augenheilkunde	5.367
Biochemie	1
Chirurgie	9.743
Frauenheilkunde und Geburtshilfe	10.173
Hals-Nasen-Ohrenheilkunde	4.056
Haut- und Geschlechtskrankheiten	3.620
Humangenetik	69
Hygiene und Umweltmedizin	8
Innere Medizin und Allgemeinmedizin	55.448
Kinder- und Jugendmedizin	6.116
Kinder- und Jugendpsychiatrie u. -psychotherapie	592
Laboratoriumsmedizin	469
Mikrobiologie, Virologie u. Infektionsepidemiologie	142
Mund-Kiefer-Gesichtschirurgie	908
Nervenheilkunde	2.614
Neurochirurgie	301
Neurologie	915
Nuklearmedizin	495
Öffentliches Gesundheitswesen	20
Pathologie	537
Pharmakologie	19
Physikalische und Rehabilitative Medizin	479
Physiologie	4
Psychiatrie und Psychotherapie	2.355
Psychosomatische Medizin u. Psychotherapie	2.990
Radiologie	2.523
Rechtsmedizin	8
Strahlentherapie	161
Transfusionsmedizin	37
Urologie	2.709
Sonstige Gebiete	26
Insgesamt	126.252

Quelle: Eigene Darstellung, Daten entnommen aus: *Bundesärztekammer (2)* (Hrsg.) (Stand: 31.12.05).

Tab. 4: Durchschnittsalter der ambulanten Ärzteschaft

Jahr	Vertragsärzte	
	insgesamt	unter 69-Jährige
1993	47,46	46,56
1994	47,91	47,12
1995	48,29	47,58
1996	48,74	48,06
1997	49,05	48,47
1998	49,19	48,72
1999	49,11	49,03
2000	49,56	49,48
2001	49,88	49,80
2002	50,21	50,14
2003	50,52	50,45
2004	50,82	50,75

Quelle: Eigene Darstellung, Daten entnommen aus: *Kopetsch*, T. (2005): S. 17.

Tab. 7: Investitionen in Einzelpraxen (in Tausend Euro)

	Praxisneugründung			Praxisübernahme		
	Geräte/ Einricht- ung	Bau-/ Umbau- kosten	Praxisin- vestitio- nen	Praxis- wert	Bau-/ Umbau- kosten	Praxisin- vestitio- nen
Allgemeinmediziner	70	11	81	106	6	112
Augenärzte	160	8	168	175	1	176
Chirurgen	168	60	228	218	11	229
Gynäkologen	104	31	135	169	9	178
Hautärzte	124	34	156	185	12	197
Internisten	143	16	159	173	8	181
Kinderärzte	57	19	76	131	9	140
Neurologen	47	8	55	86	3	89
Psychotherapeuten	24	11	35	49	5	54
Orthopäde	133	38	171	239	19	258
Urologen	95	55	150	254	6	260

Quelle: Eigene Darstellung, Daten entnommen aus: *Deutsche Apotheker und Ärztebank* (Hrsg.) (2005): S. 52f.

Tab. 8: Förderdarlehen der KfW

Darlehensform	Laufzeit	Tilgungsfreie Zeit	Höchstbetrag Euro	Kombinations- möglichkeiten
Unternehmerkapital Baustein ERP-Kapital für Gründung (EKH)	15 Jahre	7 Jahre	500.000	Ja
Unternehmerkredit	bis 10 Jahre	bis 2 Jahre	10.000.000	Ja
	bis 20 Jahre	bis 3 Jahre		
- endfälliges Darlehen -	bis 12 Jahre	bis 12 Jahre		
- Betriebsmittelvariante -	bis 6 Jahre	1 Jahr		
StartGeld	bis 10 Jahre	bis 2 Jahre	50.000	Nein
Mikro-Darlehen	2 bis 5 Jahre	6 Monate	25.000	Nein

Quelle: Eigene Darstellung, Daten entnommen aus: *KfW Mittelstandsbank* (Hrsg.) (Stand: 2006).

Fragebogen: Niedergelassene Ärzte

1. Fragen zur Niederlassung

1.1. Motivation / Hauptgründe für die Niederlassung:

1.2. Niederlassungsform:

Neugründung   Praxisübernahme

Einzelpraxis   Kooperation, wenn ja in welcher Form:

Gründe für die gewählte Niederlassungsform:

1.3. Standortwahl:

Welche Faktoren waren bei der Auswahl des Standortes ausschlaggebend?

wirtschaftliche Situation der Region   Immobilienpreise / Miete

soziale Struktur der Region   Konkurrenzsituation

demographische Struktur der Region   Kooperationspartner

allgemeine Lebensbedingungen   Familie

Nähe zu anderen medizinischen Einrichtungen

Übernahme der Praxis eines Familienmitgliedes

Sonstige:

2. Inanspruchnahme einer Gründungsberatung

2.1. Wo sahen Sie Schwierigkeiten und Probleme der ärztlichen Niederlassung?

2.2. Bei welchen Dienstleister und Institutionen haben Sie Beratung in Anspruch genommen?

        KV   Arbeitsamt

        Steuerberater   Rechtsanwalt

        Bank   sonstige Finanzdienstleister

        Unternehmensberatung

        Sonstige:

2.3. Was waren die Themen der von Ihnen in Anspruch genommenen Beratung und wie beurteilen sie die Beratung heute?

2.4. Welche Themen würden Sie aus heutiger Sicht intensiver betrachten und welche weniger?

2.5. Haben Sie vor Ihrer Niederlassung Seminare oder Informationsveranstaltungen zum Thema Existenzgründung aufgesucht? Wenn ja, welche?

```
+----------------------------------------------------------+
|                                                          |
|                                                          |
|                                                          |
|                                                          |
+----------------------------------------------------------+
```

2.6. Erfolgte die Koordination der verschiedenen Beratungsfelder vorrangig aus einer Hand?

Ja, durch einen Dienstleister   (→ weiter mit Frage 3.1)

Welcher?
```
+------------------------------------------+
|                                          |
+------------------------------------------+
```

Nein, durch eigene Koordination

2.7. Hätten Sie sich im Nachhinein die Koordination durch einen Dienstleister gewünscht?

```
+----------------------------------------------------------+
|                                                          |
|                                                          |
|                                                          |
|                                                          |
+----------------------------------------------------------+
```

3. Betriebswirtschaftliche Aspekte und Kenntnisse

3.1. Als welchen Informationstypen würden Sie sich bezeichnen, hinsichtlich der Planung und Umsetzung der Niederlassung bei einer Skala von 1 (Aktiv) bis 5 (Passiv)?

1	2	3	4	5

Aktiv   Passiv

Aktiv   „Ich habe mich vor dem Gründungsvorhaben selber
               über betriebswirtschaftliche Aspekte informiert"

Passiv   „Ich habe mich lediglich von Dritten informieren
               lassen oder gar nicht"

3.2. Wie schätzen Sie selbst Ihre unternehmerischen / betriebswirtschaftlichen
      Kenntnisse ein?

┌───┐
│   │
│   │
│   │
│   │
└───┘

3.3. Haben Sie vor der Niederlassung ein detailliertes Geschäftskonzept aufges-
      tellt oder aufstellen lassen?

                        Ja   Nein

3.4. Welche betriebswirtschaftlichen Planungsbereiche haben Sie vor der Nieder-
      lassung bearbeitet oder bearbeiten lassen?

            Umsatzplanung   Kosten- und Kapitalbedarfsplanung

            Ertragsplanung   Finanzierungsplanung

            Liquiditätsplanung   Marketing

            Standortwahl

            Sonstige:

      ┌───┐
      │   │
      │   │
      └───┘

3.5. In welcher Form erfolgte die Finanzierung des Startkapitals für die Nieder-
      lassung?

┌───┐
│   │
│   │
│   │
│   │
└───┘

3.6. Welche öffentlichen Gründungshilfen haben Sie in Anspruch genommen und wer hat Ihnen dabei geholfen?

4. Persönliches Fazit

4.1. Was ist Ihr persönliches Fazit über Ihre Niederlassung?

4.2. Welche Hinweise und Ratschläge möchten Sie Kollegen, die vor der Niederlassungsentscheidung stehen, geben?

4.3. Halten Sie einen Erfahrungsaustausch mit Kollegen in den ersten 2 bis 3 Jahren nach der Niederlassung interessant?

4.4. Welche Bereiche / Themen würden Sie gerne mit Kollegen austauschen?

5. Allgemeine Angaben

5.1. Alter: < 30   30 – 45   46 – 60   > 60

5.2. Geschlecht: Weiblich   Männlich

5.3. Familienstand: Verheiratet   Ledig

                    Kinder, wenn ja Anzahl:

5.4. Fachrichtung:

5.5. Zusatzqualifikationen:

5.6. Niederlassungszeitpunkt:

5.7. Wie bewerten Sie ihre Niederlassung aus heutiger Sicht?

       wieder so machen   neutral   nicht mehr so machen

       Gründe für Ihre Antwort:

Fragebogen: Angestellte Ärzte

1. Fragen zur Niederlassung

1.1. Motivation / Hauptgründe für die Entscheidung zur Niederlassung:

```
┌──────────────────────────────────────────────────┐
│                                                    │
│                                                    │
│                                                    │
│                                                    │
│                                                    │
└──────────────────────────────────────────────────┘
```

1.2. Niederlassungsform:

      Neugründung   Praxisübernahme

      Einzelpraxis   Kooperation, wenn ja in welcher Form: ▭

Gründe für die gewählte Niederlassungsform:

```
┌──────────────────────────────────────────────────┐
│                                                    │
│                                                    │
│                                                    │
│                                                    │
│                                                    │
└──────────────────────────────────────────────────┘
```

1.3. Wie konkret sind die bereits getätigten Vorbereitungen? Mit welchen Themen haben Sie sich bisher mehr beschäftigt und mit welchen weniger?

```
┌──────────────────────────────────────────────────┐
│                                                    │
│                                                    │
│                                                    │
│                                                    │
│                                                    │
└──────────────────────────────────────────────────┘
```

1.4. Standortwahl:

Welche Faktoren waren bei der Auswahl des Standortes ausschlaggebend?

wirtschaftliche Situation   Immobilienpreise / Miete

soziale Struktur   Konkurrenzsituation

demographische Struktur   Kooperationspartner

allgemeine Lebensbedingungen   Familie

Nähe zu anderen medizinischen Einrichtungen

Übernahme der Praxis eines Familienmitgliedes

Sonstige:

2. Inanspruchnahme einer Gründungsberatung

2.1. Wo sehen Sie Schwierigkeiten und Probleme bei der ärztlichen Niederlassung?

2.2. Bei welchen Dienstleister und Institutionen werden Sie Beratung in Anspruch nehmen?

KV   Arbeitsamt

Steuerberater   Rechtsanwalt

Bank   sonstige Finanzdienstleister

Unternehmensberatung

Sonstige:

2.3. Welche Erwartungen haben Sie an eine Gründungsberatung und was waren die Themen der von Ihnen bisher in Anspruch genommenen Beratung?

2.4. Welche Planungsbereiche müssen aus Ihrer Sicht intensiver und weniger intensiv betrachtet werden?

2.5. Haben / werden Sie Seminare oder Informationsveranstaltungen zum Thema Existenzgründung besucht / besuchen? Wenn ja, welche?

2.6. Erfolgt die Koordination der Beratung durch einen Dienstleister bzw. wünschen Sie sich das?

3. Betriebswirtschaftliche Aspekte und Kenntnisse

3.1. Als welchen Informationstypen würden Sie sich bezeichnen, hinsichtlich der Planung und Umsetzung der Niederlassung bei einer Skala von 1 (Aktiv) bis 5 (Passiv)?

1	2	3	4	5
Aktiv				Passiv

Aktiv	„Ich habe mich vor dem Gründungsvorhaben selber über betriebswirtschaftliche Aspekte informiert"
Passiv	„Ich habe mich lediglich von Dritten informieren lassen oder gar nicht"

3.2. Wie schätzen Sie selbst Ihre unternehmerischen / betriebswirtschaftlichen Kenntnisse ein?

3.3. Haben / würden Sie vor der Niederlassung ein detailliertes Geschäftskonzept aufgestellt / aufstellen oder aufstellen lassen?

Ja   Nein

3.4. Welche betriebswirtschaftlichen Planungsbereiche haben Sie bearbeitet oder werden Sie noch bearbeiten lassen?

Umsatzplanung	Kostenplanung
Ertragsplanung	Kapitalbedarfsplanung
Liquiditätsplanung	Finanzierungsplanung
Standortanalyse	Marketing
Sonstige:	

3.5. In welcher Form erfolgt die Finanzierung Ihrer Niederlassung?

3.6. Welche Gründungshilfen kennen Sie, welche haben oder werden Sie in Anspruch nehmen und wer hilft Ihnen dabei?

4. Persönliches Fazit

4.1. Fühlen Sie sich bezüglich Ihrem Niederlassungsvorhaben auf einem guten Weg?

4.2. Welche Punkte möchten Sie verbessern?

4.3. Wie werden Sie dabei vorgehen?

4.4. Halten Sie einen Erfahrungsaustausch mit niederlassungswilligen und bereits niedergelassenen Kollegen für sinnvoll?

Ja   Nein

4.5. Was würden Sie gerne diskutieren?

5. Allgemeine Angaben

5.1. Alter: < 30   30 – 45   46 – 60   > 60

5.2. Geschlecht: Weiblich   Männlich

5.3. Familienstand: Verheiratet   Ledig

Kinder, wenn ja Anzahl: [   ]

5.4. Fachrichtung: [   ]

5.5. Zusatzqualifikationen: [   ]

5.6. Tätigkeit im Krankenhaus: [   ]

5.7. Vorrausichtlicher Niederlassungszeitpunkt: [   ]

5.8. Wie sehen Sie grundsätzlich Ihre berufliche Entwicklung als Arzt?

Literaturverzeichnis

Bausch, Manfred**, Rühl,** Oliver (2004):
Arbeitsmarktinformation für qualifizierte Fach- und Führungskräfte - Ärztinnen und Ärzte: Facharztmangel droht, Bonn.

Bedei, Burkhard (2005):
Der Arzt in der vertragsärztlichen Versorgung, 8. Auflage, Köln: Deutscher Ärzte-Verlag.

Bicanski, Vlado, u.a. (2006):
Die Finanzierung der Arztpraxis, 14. Auflage, Köln: Deutscher Ärzte-Verlag.

Börkircher, Helmut (2004):
Betriebswirtschaftliche Praxisführung für Ärzte, Berlin: Springer-Verlag.

Bundesministerium für Gesundheit und Soziale Sicherung (Hrsg.) (2004):
Gutachten zum „Ausstieg aus der kurativen ärztlichen Berufstätigkeit in Deutschland", Hamburg.

Bundesministerium für Wirtschaft und Arbeit (Hrsg.) (2005):
Ich-AG und andere Kleingründungen, Braunschweig: Westermann Druck GmbH.

Deutsche Apotheker und Ärztebank (Hrsg.) (2005):
Die eigene Praxis – Neugründung und Übernahme, 7. Auflage, Düsseldorf.

Deutsche Ärzte-Versicherung (Hrsg.) (1994):
Checkliste – Der Weg in die Arztpraxis - Niederlassung, Zulassung, Finanzierung, Köln.

Diekmann, Andreas (2001):

Empirische Sozialforschung – Grundlagen, Methoden, Anwendungen, 7. Auflage, Hamburg: Rowohlt Taschenbuch Verlag GmbH.

Fahlbusch, Rheinhold, **Kirschner**, Georg (Hrsg.) (2005):

Arzt und Niederlassung, Köln: Deutscher Ärzte-Verlag.

Goetzke, Wolfgang (2004):

ABC der betriebswirtschaftlichen Praxisführung, 2. Auflage, Bergisch Gladbach: A. Bernecker Verlag GmbH.

Heier, Magnus (2006):

Die heimliche Revolution, in: Verlagsgruppe Handelsblatt GmbH (Hrsg.): WirtschaftsWoche, Heft 17, Düsseldorf: Verlagsgruppe Handelsblatt GmbH.

Kästner, Julia (2006):

Klinik oder Niederlassung – junge Ärzte sind hin- und hergerissen, in: Kosaris, Gerald (Hrsg.): Ärzte Zeitung v. 27.04.2006, Offenbach: Ärzte Zeitung Verlagsgesellschaft.

Kopetsch, Thomas (2006):

Bundesärztekammer-Statistik – Ärztemangel trotz Zuwachsraten, in: Bundesärztekammer und Kassenärztliche Bundesvereinigung (Hrsg.): Deutsches Ärzteblatt, Heft 10, Köln: Deutscher Ärzte-Verlag.

Kopetsch, Thomas (2005):

Dem deutschen Gesundheitswesen gehen die Ärzte aus! Studie zur Altersstruktur- und Arztzahlentwicklung, 3. Auflage, Köln: Deutscher Ärzte-Verlag.

Meis, Thorsten (2000):

Existenzgründung durch Kauf eines kleinen oder mittleren Unternehmens, Lohmar: Josef Eul Verlag GmbH.

Oberborbeck, Werner (1994):

Handbuch Arztpraxis, Wiesbaden: Gabler Verlag.

Riedel, Rolf-Rainer, u.a. (Hrsg.) (2005):

Wirtschaftlich erfolgreich in der Arztpraxis, Köln: Deutscher Ärzte-Verlag GmbH.

Stark, Andreas (2006):

Denken Sie heute schon an morgen!, in Verlag Moderne Industrie (Hrsg.): Arzt und Wirtschaft, Ausgabe 04/2006, Landsberg: Verlag Moderne Industrie.

Walger, Martin, **Köpf**, Peer (2005):

Einkommen von Krankenhausärzten – eine differenzierte Betrachtung, in: Deutsche Krankenhausgesellschaft (Hrsg.): das Krankenhaus, Heft 12, Stuttgart: Verlag W. Kohlhammer.

Zitzmann, Armin (1990):

Die Gründungsfinanzierung für Ärzte als Kooperation von Banken und Versicherungen, Frankfurt am Main: Verlag Peter Lang GmbH.

Internetquellen

Blumenbach-Ostermann, Karen (Stand: 21.12.2004):

Medizinische Versorgungszentren: Konkurrenz oder Chance für Vertragsärzte?, URL: <http://www.aerzteblatt.de/v4/archiv/ao.asp?id=44828>, (Abfrage am 11.05.2006).

Bundesärztekammer (1) (Hrsg.) (Stand: 31.12.2005):

Struktur der Ärzteschaft 2005, URL: <http://www.bundesaerztekammer.de/30/Aerztestatistik/03Statistik2005/0 0Statistik/Abbildung01.pdf>, (Abfrage am 04.05.2006).

Bundesärztekammer (2) (Hrsg.) (Stand: 31.12.2005):

Niedergelassene Ärztinnen/Ärzte nach Gebieten und Altersgruppen, URL: <http://www.bundesaerztekammer.de/30/Aerztestatistik/03Statistik2005/3 0Ambulant/Tabelle08.pdf>, (Abfrage am 04.05.2006).

Bundesärztekammer (3) (Hrsg.) (Stand: 31.12.2005):

Anteil der unter 35-jährigen Ärzte an allen berufstätigen Ärzten, URL: <http://www.bundesaerztekammer.de/30/Aerztestatistik/03Statistik2005/0 0Statistik/Abbildung06.pdf>, (Abfrage am 04.05.2006).

Deutsche Bundesbank (Hrsg.) (Stand: 01.09.2004):

Neue Eigenkapitalanforderungen für Kreditinstitute (Basel II), URL: <http://www.bundesbank.de/download/volkswirtschaft/mba/2004/200409 mba_baselII.pdf>, (Abfrage am 03.07.2006).

Bundesministerium für Wirtschaft und Technologie (Hrsg.) (Stand: 01.03.2006):

Einstellungszuschüsse bei Neugründungen, URL: <http://db.bmwi.de/_ DE_de/WZL_2bbde0b868dcc577ed2c332e899c5bee_WZL/app.wiz?DC =index__documents__open&DOC=8753&LEN=1>, (Abfrage am 26.06.2006).

Bundesministerium für Wirtschaft und Technologie (Hrsg.) (Stand: 01.06.2006):

Häufig gestellte Fragen zur neuen Förderung von Existenzgründungen aus der Arbeitslosigkeit ab dem 1. August 2006, URL: <http://www.existenz gruender.de/imperia/md/content/pdf/publikationen/broschueren/gr_ndungs zuschuss_faq_kolb_28_06.pdf>, (Abfrage am 26.06.2006).

Investitions- und Strukturbank Rheinland-Pfalz (ISB) GmbH (Hrsg.) (Stand: 01.06.2006):

Förderung von A-Z, URL: <http://www.isb.rlp.de/wirtschaftsfoerderung _a-z.html?lang=de>, (Abfrage am 26.06.2006).

Kassenärztliche Bundesvereinigung (Hrsg.) (Stand: 17.03.2006):
Entwicklung des realen Honorars je Arzt und des realen Bruttoverdienstes
von Angestellten, URL: <http://daris.kbv.de/daris/doccontent.dll?Library
Name=EXTDARIS^DMSSLVE&SystemType=2&LogonId=3825d529cd
97051806a8730156b284c0&DocId=003749856&Page=1>, (Abfrage am
23.05.2006).

Kassenärztliche Bundesvereinigung (Hrsg.) (Stand: 21.04.2006):
Grunddaten zur Vertragsärztlichen Versorgung in Deutschland, URL:
<http://www.kbv.de/themen/125.html>, (Abfrage am 30.04.2006).

Kassenärztliche Bundesvereinigung (Hrsg.) (Stand: 11.05.2006):
Medizinische Versorgungszentren, URL: <http://www.kbv.de/themen/71
78.html>, (Abfrage am 23.05.2006).

KfW Mittelstandsbank (Hrsg.) (Stand: 2006):
Die Förderprogramme im Einzelnen, URL: http://www.kfw-
mittelstandbank.de/DE_Home/Kredite/Die_Foerderprogramme_im_Ein
zelnen/index.jsp>, (Abfrage am 26.06.2006).

Klose, Joachim (Stand: 07.12.2005):
Ärztliche Versorgung: Mangel oder schlecht verteilt?, URL:
<http://www.masfg.rlp.de/Gesundheit/Dokumente/Aerztemangel/Folien_
Wido.pdf>, (Abfrage am 17.05.2006).

Kopetsch, Thomas (Stand: 06.05.2005):
Bedarfsplanung: Geregelt wird nur die Verteilung, URL:
<http://www.deutsches-aerzteblatt.de/v4/archiv/pdf.asp?id=46645>, (Ab-
frage am 25.05.2006).

Oberender, Peter (Hrsg.) (Stand: 22.03.2006):
Integrierte Versorgung – Eine Bilanz, URL: <www.oberender-
online.de/?download=Oberender_mrz06.pdf>, (Abfrage am 29.03.2006).